KB230900

국제수송수단 선택에 관한
실증적 연구

국제수송수단 선택에 관한 실증적 연구

박 영 재 著

한국학술정보㈜

본 저서는 1998년에 받은 박사학위논문을 단행본으로 발간한 것이다.

|목 차

|표 목차|

그림 목차

제1장 서 론

제1절 연구의 배경과 목적

세계 경제실서는 나사주의와 지역주의의 대립 속에서 새로운 균형을 추구하며, 각국 간 교역이 확대되고 있다. 이미 국적을 초월한 초국적 기업이 출현하여 지구촌을 대상으로 생산 및 판매 활동을 전개하고 있으며, 이에 따라 물류 분야에서도 많은 변화가 일어나게 되었다.

또한 기업 활동의 국제화와 제품 생산체제의 변화 및 제품 수명주기의 단축은 국제물류 활동의 변화와 성장을 촉진시키고 있으며, 이에 따른 기업의 경쟁력 강화 요소로서 국제물류의 중요성이 증가하고 있다.

국제물류는 발생비용의 규모가 국내 활동의 경우보다 훨씬 크기 때문에 기업의 국제화·다국적화가 진전될수록 그 전략적 가치가 크며, 해외 직접투자에 따른 현지 생산증대에 의한 제품수입 및 국제분업이 보다 구체화될수록 국제물류가 매우 중요한 역할을 하게 된다.

국제물류에서 가장 기본적이며 중요한 것이 국제수송과 이에 수반되는 재고에 대한 체계적 관리이다. 왜냐하면 국제물류비용에서 가장 많이 차지하는 것이 수송비이며, 다음이 보관관련 비용, 즉 재고비이기 때문이다. 일반적으로 국내물류에 비해 수송거리가 길고, 재고율을 높게 가져가야 하는 국제물류에서 수송과 재고문제는 국제물류 효율화의 관건이기도 하다.

수송과 재고문제를 체계적으로 분석하기 위해서는 국제수송수단 선택에 대한 계량적이고 전략적인 접근이 필요하다. 즉, 국제간 수송에서 수송수단 선택이 단순히 수송을 위한 차원에서가 아니라 전체 물류 시스템에서 어느 수송수단을 선택하는 것이 물류 효율화를 꾀하고 물류경쟁력을 높일 수 있는가의 차원에서 수송수단 선택 문제를 접근하여야 한다.

국제수송수단의 선택은 제품의 특성, 가치, 물량, 시장 상황 등과 같은 절대적인 결정 요인에 따라 좌우되기도 하지만 기업의 물류전략에 따라 달라지기도 하며, 수송 중의 재고나 안전재고를 고려한 총비용적인 접근에 따라 달라질 수 있다.

단순 수출의 경우는 수송수단 선택이 상대방에 의해 이루어지기 때문에 굳이 수송수단 선택에 대해 깊이 고려하지 않아도 되나 수입의 경우와 직접 자사의 제품을 해외에 판매하거나 해외의 자회사나 공장에 원재료나 부품을 제공하는 입장에서는 국제수송수단 선택에 대한 보다 합리적이고 체계적인 방법이 필요하다.

우리나라 수출입 기업의 경우 물류에 대한 관심이 크게 높아 가고 있으나 전체 물류의 효율화 차원에서 접근하지 않고, 운임 등과 같은 단순히 눈에 보이는 비용만을 줄이려는 차원에서 접근하고 있는 경우가 많은 것으로 나타났다. 이와 같은 물류 인식의 후진성은 국제물류의 본질에 대한 이해 부족과 새로운 변화를 꾀하지 않고 과거의 행위를 답습하는 행태에서 비롯된 것으로 볼 수 있다.

우리나라 수출입 기업의 국제물류 경쟁력을 강화하기 위해서는 여러 방안이 모색될 수 있으나 가장 기본적으로 국제물류의 체계적인 구축과 효율적인 국제수송수단 선택이 이루어져야 한다. 따라서 본 연구에서는 우리나라 수출입 기업의 국제물류 경쟁력 강화를 위해 국제물류 활동에서 가장 큰 비중을 차지하고 있는 국제수송수단의 합리적이고 효율적인 선택 방향을 제시하고자 한다.

제2절 연구의 범위 및 구성

본 연구의 대상은 국내에서 수출입 활동을 수행하고 있는 기업으로 한정한다. 국내에서 수출입 활동을 수행하고 있는 기업으로는 크게 국내기업과 다국적 기업으로 나눌 수 있으며, 업종별로는 전기·전자, 기계, 섬유, 화학, 기타 등으로 나눌 수 있다.

이와 같이 크게 네 개의 업종과 기타로 구분한 이유는 정기선 해운 및 항공 수송수단을 이용하는 우리나라 주력 수출입 화물이 이들 네 개 업종에 치우쳐 있기 때문이다.

수출입 기업의 수송수단 선택은 제품의 특성, 가치, 운임, 수송시간, 기업의 전략 등에 따라 달라질 수 있다. 수송수단에 따라 수송시간과 비용이 크게 달라지므로 수출입 기업은 제품의 특성과 기업의 물류전략에 따라 수송수단을 선택하는 경향이 있다. 그러나 수출입 기업 수송담당자의 물류에 대한 인식 부족으로 수송수단 선택에 따른 총비용적인 효과 분석은 잘 이루어지지 않은 것으로 나타나고 있다.

본 연구는 우리나라 수출입 기업의 합리적이고 효율적인 국제수송수단 선택 방향을 제시하기 위해 다음과 같이 수행하고자 한다. 먼저 국제수송수단 선택 요인을 고찰하고, 국제수송수단 선택에 따른 물류경쟁력 비교를 통해 어떠한 수송수단을 선택하는 것이 비용적인 면에서 효율적인지 살펴본 다음 우리나라 수출입 기업이 어떠한 요인에 의해 수송수단을 선택하고 있는지 실증분석을 통해 밝혀내고자 한다.

본 연구는 서론과 결론을 포함하여 총 6개 장으로 구성되어 있다.

제1장은 서론으로서 연구의 배경과 목적을 기술하고, 연구 범위와 구성, 그리고 연구 방법을 제시하였다.

제2장에서는 국제수송 환경의 변화 구조를 분석하고, 수송수단 선택에 영향을 미치는 요인에 대해 살펴보았으며, 기존 수송수단 선택에 대한

연구 모형을 문헌을 통하여 체계적으로 고찰하였다.

제3장에서는 재고이론 모형을 토대로 총비용적인 차원에서 수송수단 선택에 따른 물류경쟁력 비교를 하였다. 이를 통해 수출입 기업이 어떠한 수송수단을 선택하는 것이 비용적인 측면에서 효과적인지 분석하였다.

제4장에서는 제2장의 수송수단 선택 요인과 제3장의 수송수단 선택에 따른 비용효과를 토대로 실제로 화주들이 어떠한 요인에 의해 수송수단을 선택하고, 어떠한 요인을 중요시하는지 가설을 설정하였다.

제5장에서는 분석자료 항목의 신뢰성과 타당성을 평가한 다음 제4장에서 제시한 국제수송수단 선택에 관한 가설을 분산분석, 판별분석, T - 검정 등을 통하여 분석하고 검증하였다.

제6장은 결론으로서 본 연구의 연구 결과 요약 및 본 연구에서 나타난 결과의 시사점을 제시하였으며, 연구의 한계 및 문제점을 밝혔다.

〈그림 1-1〉 연구의 흐름도

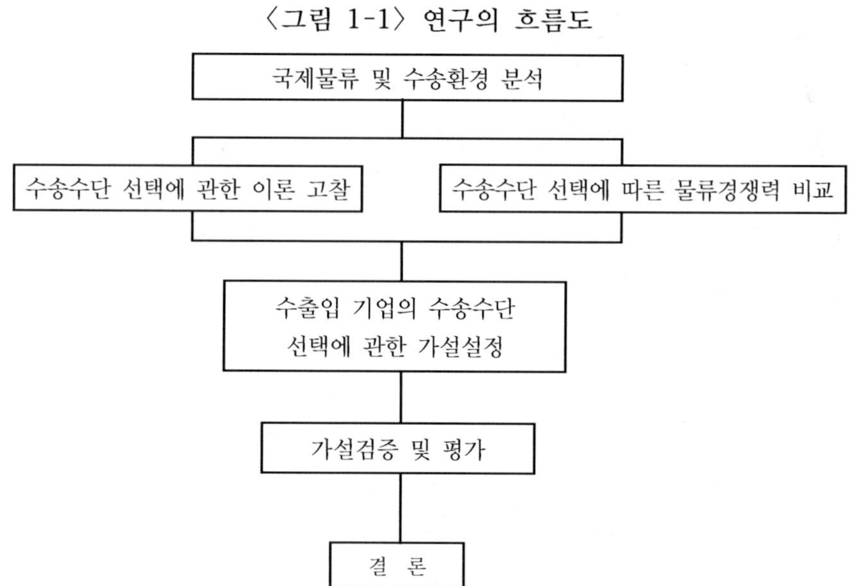

제3절 연구의 방법

본 연구는 문헌 연구와 물류경쟁력 비교, 그리고 실증적 연구를 병행하였다. 문헌 연구와 물류경쟁력 비교를 통해 수송수단 선택 요인 및 수송수단 선택에 따른 비용효과를 분석하고, 실증연구를 통해 수출입 기업이 어떠한 요인에 의해 수송수단을 선택하는지 분석하였다. 이와 같이 연구 방법을 다양하게 접근한 이유는 부분적인 연구로는 국제수송수단 선택에 관한 체계적이고 현실적인 분석에 한계가 있기 때문이다.

문헌 연구에서는 국제물류체계의 변화에 따른 국제수송수단 선택의 중요성에 대해 살펴보고, 수송수단 선택 요인 및 수송수단 선택 모형에 대한 기존 연구를 고찰하였다.

물류경쟁력 비교는 수출입 기업이 제품을 수출입할 때 어느 수송수단을 선택하는 것이 효율적인지 재고이론 모형을 바탕으로 총비용적인 접근방법을 적용하여 분석하였다. 재고이론 모형은 수출입 시 발생하는 단순 비용만을 비교하는 것이 아니라 수송 중의 재고비와 안전재고비 등을 포함하여 분석하는 모형으로서 전체 물류비를 파악하는 데 유용한 모형이다.

실증적 연구에서는 수출입 화주를 대상으로 수송수단을 선택하는 데 고려하는 요인들의 중요성에 대하여 고찰하였다. 실증적 연구를 위한 자료수집은 설문지를 이용하였는데 자료분석에 필요한 변수는 5점 리커트 스케일(Likert scale)로 측정하였다. 자료수집은 우리나라 수출입 기업에서 실제 수송수단 선택과 관련이 있는 부서의 담당직원을 대상으로 하였다.

설문에 대한 실증분석은 컴퓨터 통계처리 시스템인 윈도우용 SPSS를 이용하였다. 실증분석의 주요 내용은 우선 알파계수(Cronbach's alpha)로 신뢰성을 확인하였으며, 각 변수들의 타당성은 요인분석으로 확인하였다. 가설에 대한 검증은 각 가설의 검증에 적합한 방법을 이용하였다. 가설

1은 대응표본 T-검정, 가설 2는 분산분석, 가설 3은 판별분석, 가설 4는 분산분석, 가설 5는 대응표본 T-검정을 이용하여 분석하였다.

제2장 국제수송수단 선택에 관한 이론적 고찰

제1절 국제물류 및 수송환경 분석

1. 국제물류와 수송

1) 국제물류의 개념

오늘날과 같은 글로벌(global) 시장 환경하에서 기업은 위치하고 있는 지역과 기반으로 두고 있는 시장에 관계없이 세계시장을 염두에 두지 않고 기업을 경영할 수 없으며, 전 세계의 동종 기업들과 경쟁을 피할 수 없다. 이에 따라 새로운 경영관리가 요구되고 있으며, 국제경쟁의 핵심으로서 국제물류(international logistics)에 대한 중요성이 높아가고 있다.[1]

국제물류는 국제간에 이동하는 제품의 공급자로부터 수요자에 이르기까지의 공간적, 시간적 차이를 물리적으로 극복함에 따라 제품의 효용, 즉 경제적 가치의 증대를 꾀하는 것을 내용으로 하고 있다. 이와 같이 국제물류의 개념은 국경을 넘어 원산지에서 최종 목적지까지 화물의 움직임을 관리하는 것이다.[2]

---

1) Philippe-Pierre Dornier, Ricardo Ernst, Michel Fender, and Panos Kouvelis, *Global Operations and Logistics*, John Wiley & Sons, Inc., New York, 1998, pp.1-3.
2) 三木楯彦, "國際複合輸送とロジスティクス情報システム", 「海事産業研究所

국제간 화물이동은 국내에 비하여 상대적으로 이동시간이 오래 걸리고, 한 종류 이상의 수송수단(transport mode)과 연계되므로 기업들이 자사제품을 국내시장에 공급하기보다는 국제시장에 공급하는 것이 훨씬 복잡하고 어려운 단계를 거치게 된다.[3]

국내물류와 국제물류는 주문, 보관, 하역, 서류작성 등 수행하는 기본적 기능은 비슷하나 국제물류는 국내물류에 비해 훨씬 더 복잡하며, 고려해야 할 요소가 많다.[4] 국제간 제품의 이동에는 은행, 보험회사, 세관, 그리고 민간 및 정부의 여러 관련 기관들이 관여하여 복잡한 절차를 거치게 되며, 각국의 환율, 관세, 법규, 정부 규제, 항만 및 공항 등 사회간접자본의 상태, 문화의 차이 등 여러 요소를 고려해야 된다.[5]

다국적 기업의 출현 및 기업의 글로벌화(globalization)는 국경을 초월한 상류 활동을 유기적으로 연계시켜주는 국제물류 활동의 중요성을 더욱 부각시키고 있다. 다국적 기업은 글로벌한 경영시각으로 시장 규모와 생산비 격차를 이용하여 편재되어 있는 자원의 최적 활용에 따른 국제분업을 촉진시키고 있으며, 제품의 시간적·공간적 이동을 통해 가치 창출을 극대화하고 있다.[6]

국제 교역규모가 매년 증가하고, 이에 따른 국제시장에서의 경쟁이 가속화되면서 기업의 경영자들은 국제물류의 중요성에 대해 인식하기 시작하였으며, 많은 기업들이 현재의 수송체계를 다시 점검하고, 재구축하고

報」, No.344, 1995. 2, pp.47-48.

3) James C. Johnson and Donald F. Wood, *Contempory Logistics 5th ed.*, Macmillan Publishing Company, 1993, New York, p.396.

4) Carl M. Guelzo, *Introduction to Logistics Management*, Prentice-Hall, Inc., Eaglewood Cliffs, 1986, pp.189-190.

5) John F. Magee, William C. Copacino, and Donald B. Rosenfield, *Modern Logistics Management*, John Wiley & Sons, Inc., New York, 1985, pp.193-197.

6) 山上徹, 「國際物流槪論」, 白桃書房, 1988, p.96.

있다. 또한 국제물류의 효율화를 위해 수송수단 간 최적 조합에 따른 복합
운송의 활용도 더욱 높아가고 있다.[7]

국제물류의 진전으로 기업의 물류 활동 면에서 합리화에 대한 요구가
강조되고 있으며, 생산과 소비까지 일관한 국제간 물류 활동의 종합적
합리화를 꾀하는 것이 중요한 과제가 되고 있다.[8] 이와 같이 국제물류의
관심은 단순히 수송의 효율화를 꾀하는 것에서 벗어나 전체 물류체계 내
에서의 효율화로 이전되고 있다. 국제물류는 발생비용의 크기가 국내 활
동의 경우보다 훨씬 크기 때문에 기업의 국제화·다국적화가 진전될수록
그 전략적 가치가 크며, 해외직접투자에 따른 현지 생산증대에 의한 제
품수입 및 국제분업이 보다 구체화될수록 국제물류관리가 매우 중요한
역할을 하게 된다.

2) 수송의 기능과 역할

수송은 제품을 생산지에서 필요로 하는 소비지까지 물리적으로 이동시
키는 것을 말한다. 공간과 거리를 이동시킴으로써 수송은 제품의 부가가
치를 창출하게 된다. 이러한 부가가치를 '장소 효용'이라 한다. 수송은 또
한 '시간 효용'을 갖는다. 이는 제품을 얼마나 빨리, 그리고 얼마나 안정
적으로 한 장소에서 다른 장소로 이동하느냐를 결정한다. 필요로 하는
정확한 시간에 제품이 없을 경우, 판매 손실, 고객 불만족, 생산 가동 중
단과 같은 값비싼 비용을 치르게 된다.[9]

---

7) Hokey Min, "International Intermodal Choices via Chance-Constrained Goal Programming", *Transportation Research A*, Vol.25A, No.6, 1991, p.351.
8) 三木楯彦, 「物流システムの構築」, 白桃書房, 1990, p.65.
9) Douglas M. Lambert, James R. Stock, and Lisa M. Ellram, *Fundamentals of Logistics Management*, Irwin/McGraw-Hill, Boston, 1998, p.217.

수송의 발달로 단위당 수송비의 감소와 생산비의 감소를 가져와 많은 경제적 효과를 갖게 되었으며, 사회·문화적으로도 지역 간의 교류를 확대시켜 국가통합 및 문화권 형성 등 중요한 역할을 담당하고 있다.

수송의 중요한 경제적 기능으로는 경제권의 확대, 즉 시장의 확대와 동일 경제권에서 물가의 균등화 등을 들 수 있다.[10] 수송의 발달은 재화의 지역 간 이동을 원활하게 하여 특정 지역에서 생산되지 않은 재화의 타 지역으로 반입을 용이하게 하였으며, 조달공급을 통해 가격을 평준화시키는 기능을 수행하고 있다. 또한 수송은 산업의 발전에 큰 영향을 주고 있다. 현대와 같이 생산력이 확충된 경제도 그것을 지탱하는 수송력이 수반되어 실현된 것이다.[11]

수송은 공간적 격리에 의해 닫힌 비사회적 개인을 사회적 접촉을 가능케 하고 집단적 사회조직의 형성을 촉진하며, 수송의 발달은 이러한 사회관계를 내부적으로 긴밀화·고도화함과 함께 대외적으로도 지역 간의 관련을 높여 사회생활의 지역적 기반을 확대하는 사회·문화적 기능을 갖고 있다.[12] 즉, 수송은 기술, 지식, 사상 및 정보 등의 국제적 보급을 촉진함으로써 인간의 사고, 행동범위를 세계적 규모로 넓혔으며, 지리적인 거리의 극복으로 문화의 교류를 촉진시키고 하나의 문화권으로 형성시키는 역할을 수행하고 있다.

한편, 수송수단의 발달은 산업의 발달에 따라서 촉진되어 왔으며, 이 양자의 발전과정에는 아주 밀접한 관계가 있다.

---

10) 阿保榮司, 「ロジスティクス」, 中央經濟史, 1992, p.113.

11) John J. Coyle, Edward J. Bardi, and Joseph L. Cavinato, *Transportation 3rd ed.*, West Publishing Company, St. Paul, 1990, pp.5-10.

12) 織田政夫, 「海運經濟論」, 成山堂書店, 1977, pp.20-22.

3) 국제물류에서 수송의 위치

수송, 보관, 하역, 포장, 유통가공 및 정보의 기능이 물류의 기본적 기능이다. 그중에서도 수송과 보관이 주요 기능이며, 하역, 포장, 유통가공은 수송과 보관을 원활하게 작동시키기 위한 지원기능이다. 정보는 이러한 다섯 개의 기능을 유기적으로 통합하는 기능을 갖고 있다.[13]

물류는 원재료의 조달과 완성품을 생산자로부터 소비자에게로 이동하는 과정에서 상호 관계하는 수송, 보관, 하역, 포장, 유통가공, 정보 등의 기능을 집합적으로 표시하는 것이다. 이와 같은 물류 활동을 국내에 한정할 경우에 국내물류라고 칭하며, 국제적으로 확장할 경우에 국제물류라고 일컫는다.

따라서 국제물류는 국내물류보다 훨씬 더 복잡하고 높은 전문성을 요구하고 있으며, 국제물류 활동을 수행하는 데 비용도 더 많이 든다. 국제물류를 효율적으로 수행하기 위해서는 기업의 국제화에 따른 생산거점 및 판매거점의 해외이전 단계에서부터 국제간 물자의 흐름에 따른 물류요인을 분석하여 효율적으로 대응해 나가야 한다.

물류 활동을 효율적으로 수행하기 위한 방안으로서 JIT,[14] MRP,[15] DRP,[16] SCM[17] 등 많은 기법들이 도입되었는데 이를 자세히 들여다보

---

13) 國領英雄, "ロジスティクス時代の物流業者", 「海事産業硏究所報」, No.375, 1997. 9, p.7.
14) JIT(Just-In-Time)는 일본의 제조업, 특히 도요타 자동차 회사가 발전시킨 포괄적 생산개념으로 재고를 쌓아두지 않고 필요할 때 적기에 제품을 공급하는 생산방식이다.
15) MRP(Material Resource Planning)는 제품에 대한 기준생산계획(MPS)과 부품구성표(BOM) 및 재고 상황을 고려하여, 그 제품을 생산하기 위해 필요한 부품의 소요량과 소요시기를 계획하는 것이다.
16) DRP(Distribution Resource Planning)는 MRP의 기본 로직(logic)을 이용하여 생산된 제품의 배송시기 및 수량, 그리고 수송을 계획하는 것이다.

면 효율적인 물자 흐름으로 원재료, 부품 또는 제품의 재고를 줄여 생산
성을 향상시키고 비용을 줄이는 데 그 목적이 있음을 알 수 있다.

물류 활동을 수행하는 데 있어 각 기능별로 서로 트레이드오프(trade
-off) 관계가 있으므로 어느 한쪽만을 효율화시켜 비용을 줄인다 해도 다른
한쪽의 비용은 오히려 상승할 경우가 있으므로 전체 물류 시스템 내에서
총비용을 최소화하는 방향으로 나아가야 한다.

각 기능별 물류비 중에서 가장 큰 비중을 차지하고 있는 것이 수송비
며, 다음이 보관비, 즉 재고관련 비용이다. 최근 교통개발연구원에서 발
표한 우리나라 물류비 현황에 따르면, 1996년 총물류비는 63조 7,534억
원이며, 이는 GDP 대비 16.3%에 이르는 것으로 나타났다. 이 중 수송비
가 전체의 66.5%를 차지하고, 다음으로 재고유지관리비가 21.7%를 차지
해 이 두 요소비용의 합은 전체 물류비의 88.2%로, 물류비의 많은 부분
을 차지하고 있다.[18]

미국의 경우도 전체 물류비에서 수송이 차지하는 비중은 비슷한 것으
로 나타났다. 미국의 물류비는 1996년 기준 7천 970억 달러로 GDP의 약
10.5%를 점유하고 있다. 이 중 수송비가 4천 510억 달러로 전체 물류비
의 56.6%를 점유하고 있으며, 다음으로 보관 및 재고유지비가 3천 110억
달러로 39%를 차지하고 있다. 따라서 수송 및 재고와 관련되어 있는 비
용의 합이 전체 물류비의 95.6%에 달하고 있는 것으로 나타났다.[19]

위에서 살펴본 바와 같이 물류비에서 가장 큰 부분을 차지하는 것이
수송비며, 수송을 어떻게 효율적으로 이용하느냐에 따라 전체 물류비가

---

17) SCM(Supply Chain Management)은 공급자(supplier)에서부터 최종 고객
  에 이르기까지의 공급체인(supply chain) 내의 각 기업 간의 긴밀한 협조
  를 통해 공급체인 전체의 물자흐름을 최적화시키는 것이다.
18) 변의석, "1996년 국가 물류비의 추이", 「월간 교통」, 교통개발연구원, 1998.
  5, pp.78-80.
19) Douglas M. Lambert, James R. Stock, and Lisa M. Ellram, *op. cit.*, 1998,
  p.10.

달라진다.

국내물류에 비해 수송시간이 많이 걸리는 국제물류의 경우 전체 물류비에서 수송이 차지하는 비중과 재고유지비가 차지하는 비용이 국내물류비에 비해 더 크고, 물류체계가 더 복잡함을 미루어 짐작할 수 있다.

일반적으로 국제수송비는 국내수송비보다 제품 가격에서 더 높은 비중을 차지한다. 이는 국제수송이 국내수송보다 장거리이며, 더 많은 관리가 요구되고, 작성해야 할 서류가 많기 때문이다.[20]

2. 국제물류 및 수송 환경의 변화

1) 글로벌 기업(global company)의 증가

국제화(internationalization)는 일반적으로 두 개 국가 간의 수출입 관계를 중심으로 하는 것이지만 글로벌화(globalization)는 다국간의 국제적 분업 관계를 뜻한다.[21] 각 현지공장과의 상품의 제조분담, 원재료 및 부품의 현지조달의 증가, 공장관리의 현지화 등으로 글로벌화가 점차 진전됨에 따라 물류에서도 글로벌한 관리가 중요하게 되었다.

국제무역이 크게 늘어난 결과 원재료, 부품, 반제품의 조립과 제품 유통의 양면에서 국제적인 조달망의 정비가 진행되고 있다. 세계의 다국적 기업은 원재료와 제품을 과반에서 3분의 2 가까이 외국에서 조달하고 있으며, 이에 따라 자국시장에서의 경쟁 상대는 자국기업만을 의미하지 않고 있다. 기업이 존재를 유지하기 위해서는 세계시장을 여하히 유효하게 선택·이용하는가에 달려있다. 오늘날 선진 기업들은 원재료와 부품을

---

20) James A. Tompkins and Dale Harmelink, *The Distribution Management Handbook*, McGraw-Hill Inc., New York, 1994, p.86.

21) 北澤博, 「物流情報システム高度化の方向と可能性」, 白桃書房, 1991, p.14.

A국에서 조달하여 B국에서 가공하고, C국에서 조립한 다음 전 세계 시장을 대상으로 판매하고 있다.[22]

글로벌화의 추세로 미루어 볼 때 2000년이 되면 대부분의 시장이 글로벌 기업에 의해 지배될 것이며, 국가 단위 기업들은 식품산업과 같이 독특한 현지 수요를 만족시키는 업종으로 한정될 것으로 전망되고 있다.[23]

글로벌 기업에 있어 물류관리문제는 중요 관심사이다. 글로벌 기업은 제품 및 부품의 물동량이 매우 많기 때문에 이들 기업에 있어서 이익과 손실의 차이는 전 지구적 파이프라인을 최적화시킬 수 있는 능력 여하에 달려 있다. 따라서 글로벌 기업은 그들 제품에 대한 세계시장을 파악하고 나서 그들의 마케팅 전략을 지원하는 제조 및 물류전략을 개발함으로써 경쟁우위의 획득을 추구하고 있다.

글로벌 기업은 공급의 리드 타임(lead time)과 수송시간이 길어짐에 따라 이에 대한 충분한 대응을 해야 한다. 일반적으로 글로벌 공급체인에서 길어진 수송시간을 완충할 수 있도록 어느 정도의 중간 재고를 가지는 것은 필수적이다. 그러나 그 완충 재고의 규모가 제조에서의 비유연성 또는 잘못된 물자 관리를 야기한다면 해당 시장에서의 보관 시설과 재고 보유에 대한 필요성은 재검토되어야 한다.

글로벌 로지스틱스(global logistics)의 관점에서 볼 때 수송관리 기능은 더 확대되어서 파이프라인 관리, 특히 출발지에서 최종 도착지까지의 리드 타임에 대한 책임을 포함할 필요가 있다. 과거 국제물류에 있어서 리드 타임은 대개 불충분하게 관리되어 왔다고 볼 수 있다. 이는 부분적으로 관리의 분산에 기인하고 있다. 즉, 많은 중요한 결정들이 '수출부', '선적부', 그리고 '운송주선업자'와 같은 외부의 대리인에 의해 독자적으로 이루어져 관리 시스템이 분산되었기 때문이다.

---

22) 三木楯彦, 전게논문, pp.45-46.

23) Martin Christopher, *Logistics and Supply Chain Management*, Pitman Publishing, London, 1992, p.18.

조직체계가 뒤떨어진 국제기업의 경우 국제수송수단 선택을 단순 비용의 비교에 의해 결정하는 경우가 많은데 이는 대개의 경우 단순 비용의 절감에 그칠 가능성이 높다. 글로벌 기업은 수송수단의 선택을 부분 최적화가 아닌 전체 최적화 차원에서 결정한다.[24]

2) 다품종 소량 생산체제

선진국 경제는 경제성장이 포화상태에 이르렀으며, 소비자 욕구(needs)는 고도화, 다양화, 개성화되고 있다. 소비자 의식의 변화는 각 방면에서 큰 영향을 받았으며, 물류 활동에 큰 영향을 끼쳤다. 소비자 욕구의 변화에 따라 상품 종류의 다양화, 단위 상품당 수요의 세분화, 상품 수명의 단축화, 패션화 등이 진행되고 있으며, 그 결과 물류에서도 다빈도 소량배송, 리드타임의 단축, JIT 배송 등 고객 서비스의 고도화가 요구되고 있다.[25]

소비자 욕구의 개성화, 다양화, 양에서 질로의 변화 등에 대응하기 위하여 기업은 다종다양한 신제품을 개발하고 이를 시장에 판매한 결과 상품 종류의 급증과 제품의 수명주기(life cycle)가 단축되는 불투명한 상태에서 재고유지비, 보관비, 하역비가 큰 폭으로 증가하고 있다. 이에 따라 제조업체의 다품종 소량 마케팅 정책이 재고되는 경향이 일어나고 있지만 장기적으로는 소비자 욕구가 양적인 측면뿐만 아니라 질적인 측면에서도 더욱 높아지고, 다양해지며, 복잡해지는 양상을 띠게 되어 제품의 다품종화는 지속될 것으로 예상되고 있다.[26]

이에 따라 화주들의 물류업자에 대한 요구가 화물의 수송, 보관에 그치지 않고 재고관리, 유통가공 등을 포함한 물류업무 전반에서 수발주,

---

24) Martin Christopher, *op. cit.*, pp.118-119.
25) 阿保榮司, 「ロジスティクス」, 中央經濟史, 1992, p.41.
26) 菊池康也, 「物流リエンジニアリング」, 中央經濟史, 1994, p.49.

정보처리 등 물류주변 업무에까지 미치고 있다.[27]

한편, 산업구조의 변화로 부피 및 중량이 큰 화물을 발생시키는 2차 산업보다도 화물수송을 많이 발생시키지 않는 3차 산업의 신장이 두드러지고 있으며, 2차 산업의 내부에서도 부피 및 중량이 큰 제품을 대량으로 생산하는 기초산업에서 부피 및 중량은 작지만 부가가치가 높은 제품을 생산하는 가공조립형 산업으로 비중이 이전하여 산업의 고도화가 진행되고 있다. 이 결과 수송 톤수 측면에서 보면 화물의 발생량이 줄어들고 있으며, 특히 2차 산업에서 발생하는 화물은 소형화, 경량화되고 있다.[28]

3) 제품 수명주기(life cycle)의 단축

제품 수명주기(life cycle)의 단축은 물류관리에 많은 문제를 유발하고 있다. 특히 제품의 수명주기가 단축될수록 리드 타임(lead time)도 더 단축되어야 하므로 신속한 수송과 효율적인 물류관리가 요구되고 있다. 리드 타임은 전통적으로 고객 주문의 접수로부터 제품의 인도까지 소요되는 기간으로 정의되어 왔으나 오늘날은 제품의 설계로부터 원재료의 조달, 제품의 생산·조립 및 최종시장까지 소요되는 시간으로 정의된다. 이것이 전략적 리드 타임(strategic lead time)의 개념이며, 성공적인 물류운영관리를 위해서는 이 시간 간격을 효율적으로 관리해야 한다.

이미 제품의 수명주기가 전략적 리드 타임보다 짧아지는 상황이 전개되고 있다. 이는 시장에서의 제품의 수명이 동일 제품을 기획하고, 부품을 조달하고, 제품을 생산하여 시장에 내 놓는 기간보다 짧아지는 것을 의미한다. 글로벌 시대에 있어서 이와 같은 문제는 수송기간이 길어짐에

---

27) 三木楯彦, 전게서, p.70.

28) 石田信博, "貨物輸送構造變化の要因分析",「海事産業研究所報」, No.346, 1995. 4, pp.27-28.

따라 더욱 커지고 있다[29]

궁극적으로 이러한 시장에서 성공을 이루는 방법은 공급체인(supply chain)상에서 제품 이동을 가속화시키고, 전체 물류 시스템을 더 탄력적으로 만들어 급속히 변화하는 시장에 대한 대응성을 높여 나가야 한다.

많은 기업들은 제품의 공급자로부터 고객에 이르기까지 파이프라인의 길이에 대하여 적절한 주의를 기울이지 않았는데, 특히 트랜짓 타임(transit time)과 중간 재고 보유(intermediate stock holding)에 대하여 주의를 기울이지 않았다. 공급체인에 있어서 재고의 존재는 그것이 부품이든 완제품이든 전체 파이프라인의 길이를 연장시킨다. 과거에는 이러한 재고를 수요와 공급의 급격한 변화에 대응하는 보호막의 개념으로 보았는데 오늘날 이는 기업의 유연성을 저해하는 것으로 본다.

이와 같이 제품의 수명주기(life cycle) 단축이 한층 빨라짐에 따라 기업은 시장 변화에 재빠르게 대응하는 것이 필요하며, 전체 리드 타임을 줄이기 위한 다각적인 노력이 필요하다.

4) 수송분담률의 변화

일반적으로 화물수송수요는 파생수요이기 때문에 화물수송량은 경제 상황 및 산업구조, 산업입지 등에 의해 영향을 받는다. 화물 수송량은 각종 산업의 생산량 및 주요 생산물의 성질, 그리고 생산지와 소비지의 지리적 관계 등에 따라 좌우되며, 경제 활동이 활발하면 화물수송량도 증가하고, 경제 활동이 침체되면 화물수송도 정체한다.[30]

또한 경제 활동의 규모 및 산업구조, 산업입지 등이 변화하면 수송량도 변한다. 그러나 그 영향이 수송량에 미치는 정도는 수송수단에 따라

---

29) Martin Christopher, *op. cit.*, pp.20-21.
30) 石田信博, 전게논문, p.28.

다르다. 해운과 항공화물 수송을 비교하면 항공화물 수송 쪽이 해운보다도 영향을 받는 정도가 크다.

항공화물 수송량과 해상화물 수송량의 GDP 탄력성을 각각 계측하면, 항공화물 수송의 GDP 탄력성이 해상화물 수송보다 크다. 이것은 항공화물 수송 쪽이 해상화물 수송보다도 경제 활동에 대하여 민감하게 반응하는 것을 나타내고 있다. 항공에 의한 화물수송은 GDP 변화 비율보다도 높은 비율로 변화하나 이에 비해 해운에 의한 화물수송은 GDP의 변화율의 범위 내에서 변화한다.[31]

경제가 성장하는 단계에서는 항공화물 수송량은 큰 폭으로 증가하나 경제가 정체하거나 후퇴하는 상황에서는 항공화물 수송량은 크게 감소할 가능성이 있다. 항공으로 수송되는 화물은 일반적으로 경량이면서 부가가치가 높은 제품 및 시간가치가 높은 것이 주종을 이루어 경기에 민감하게 반응하는 경향이 있기 때문이다.

우리나라의 경우 지속적인 경제성장에 의해 항공화물의 증가율이 해상화물의 증가율보다 높았으나 IMF 관리체제 이후 GDP 성장률이 마이너스 성장을 기록한 1998년 상반기에는 항공화물의 증가율이 전년 동기 대비 11.1% 감소한 반면, 해상 컨테이너화물의 증가율은 전년 동기 대비 3.6% 감소에 그쳤다.

---

31) 石田信博, "東・東南アジアにおける國際物流輸送構造の再編成", 「海事産業研究所報」, No.385, 1998. 7, pp.27-28.

3. 국제수송의 전략적 활용

1) 국제수송의 특성

국제간 제품의 이동에서 이용되는 기본 수송수단에는 항공, 철도, 트럭, 해상 등 네 가지가 있다. 국제수송에는 보통 이러한 수송수단들이 복합적으로 이용된다. 즉, 트럭과 해상 또는 트럭과 항공 등과 같이 복합운송이 이루어지고 있다.[32]

우리나라의 경우 지리적·정치적 이유 때문에 철도와 트럭에 의한 국제수송은 이루어지지 않고 해상 또는 항공 서비스를 이용해야 하므로 항공과 해상수송을 중심으로 각 수송의 특성을 비교하기로 한다.

국제물류에서 일반적으로 항공을 수송집약·재고절약형 산업으로 부르고, 해운을 재고집약·수송절약형 산업으로 부른다. 항공은 수송 자체에 재고 프로세스가 포함되어 있기 때문에 독립된 재고 프로세스는 단축된다. 항공은 수송 요소에 많은 비용을 투입하여 수송시간, 즉 재고 요소를 절약한다. 해운업의 분야에서도 이 경향은 재래 정기선 수송에 비해 컨테이너 정기선 수송에서 상대적으로 강하게 나타나고 있다.[33]

일반적으로 항공수송은 수송비가 높으나 이를 재고비의 절감으로 보충함으로서 총물류비(total logostics cost)를 낮추게 된다. 즉, 국제물류서비스에서 항공 서비스 이용을 기본으로 할 경우 운임부담률은 상승하나 이를 상회하는 재고비의 절감으로 총비용(total cost)을 낮춤으로써 항공수송을 기본(base)으로 하는 물류 서비스 수요를 유발시킨다.

항공으로 수송되는 주요 제품으로는 소량 화물, 부패성 화물, 제품의

---

32) Victor H. Pooler, *Global Purchasing: Reaching for the World*, Van Nostrand Reinhold, New York, 1992, p.188.

33) 宮下國生, 「日本の國際物流システム」, 千倉書房, 1994, p.152.

민감도가 높은 화물, 긴급성 화물 등이 있다. 이와 같이 항공수송 제품은 경량으로 부가가치가 높은 화물과 시간가치가 높은 화물이 많다.[34]

항공운송은 속도가 빠르고, 화물의 손상이나 도난이 적고, 리드 타임이 단축되고, 재고 유지비가 낮은 장점이 있다.[35] 또한 항공수송의 이용은 포장비, 보험료, 창고비 등의 비용을 줄일 수 있으며, 통관 후 트럭으로의 신속한 연계 수송이 가능하다.

해상 컨테이너 수송은 극히 수송집약적인 항공수송과 극히 재고집약적인 재래정기선 수송 사이의 영역에 있다. 따라서 컨테이너 정기선 수송은 재래 정기선 수송에 비하여 수송집약적이라 할 수 있지만 항공수송과 비교하면 재고집약적으로 있다.

해상수송은 가장 경제적인 수송방법으로서 신속성을 요하지 않은 대량 화물의 장거리 수송에 적합하다. 이는 수송비가 저렴하고 적재율이 높아 규모의 경제를 달성할 수 있기 때문이다.[36] 그러나 해상수송은 항공수송에 비해 수송시간이 많이 걸리고, 장기간 수송으로 인해 화물의 손실 가능성이 높으며, 파업이나 적체에 의해 화물의 수송이 지연되는 단점이 있다.[37] 항공 및 해상수송의 특성을 살펴보면 다음 〈표 2-1〉과 같다.

일반적으로 항공과 컨테이너 정기선 서비스 영역은 명확하게 구분되지 않고 그 경계에는 중복되는 영역이 있다. 거기에는 Sea & Air라는 항공 서비스의 일부를 컨테이너 정기선 서비스로 대체한 복합운송 영역 외에 항공수송에서 컨테이너 정기선 수송으로, 역으로 컨테이너 정기선 수송에서 항

---

34) 石田信博, "環太平洋地域の物流構造", 「海事産業研究所報」, No.315, 1992. 9, p.36.

35) Victor H. Pooler, *op. cit.*, pp.188-190.

36) Don Benson, *Transport and Distribution*, Longman Inc., New York, 1985, p.211.

37) Alan Rushton and John Oxley, *Handbook of Logistics and Distribution Management*, Kogan Page, London, 1991, p.146.

공수송으로 서비스 전체를 완전하게 대체한 행동이 나타나고 있다.

<표 2-1> 항공 및 해상수송의 특성 비교

구 분	항공수송	해상수송
수송시간	수송시간이 짧음	수송시간이 오래 걸림
적기 도착성	높음	보통
이용 편리성	높음	낮음
적재량	제한적	비제한적
운임	비교적 높음	비교적 저렴함
보험료	낮음	높음
화물시장규모	1% 미만	99% 이상
운임구조	화물종류 및 중량에 따른 복잡한 운임구조	컨테이너를 기준으로 한 비교적 단순한 운임구조
운항빈도(평균)	높음	낮음
캐리어 직판비율	매우 낮음	비교적 높음
화주 수요예측	최종 출하 전까지 불확실	최종 출하 전 예측 가능
콘솔 점유비	매우 높음	매우 낮음
집화 및 인도	포워더가 서비스 제공	선사계약 트럭커가 담당
운송장(B/L)	양도성 없음	양도성 있음
장점	수송시간 단축, 재고비 삭감, 서비스 질의 개선	운임의 저렴성, 대량 수송의 이점

자료) Don Benson, *Transport and Distribution*, Longman, 1985, pp.211-214. 등에 의거 작성함.

2) 물류관리와 국제수송수단의 선택

수송수단의 선택은 물류관리의 중요한 부분이다. 물류관리는 기업의 운영 효율에 큰 영향을 주기 때문에 수송수단 선택에 대한 분석이 필요하다. 특히, 소비자 욕구의 다양화에 따라 제품의 생산이 소품종 대량 생산체제에서 다품종 소량 생산체제로 전환되고, 제품의 수명주기(life cycle)가 단축됨에 따라 재고에 대한 인식이 자산이 아닌 부채로 인식되고 있는 상황에서 효율적인 물류관리를 위한 수송수단의 선택은 그 중요성이 더해가고 있다. 이는 수송수단의 선택이 잘못될 경우 필요 이상으로 높은 비용을 지불하게 되고, 가능한 것보다 낮은 수준의 고객 서비스를 제공할 가능성이 있기 때문이다.[38]

수송수단의 선택에 대한 결정은 각 선택에 대한 수많은 조사 방법과 평가로 선택 가능한 방대한 규모 때문에 아주 복잡하다. 수송 관리자가 수송수요의 선정에 영향을 끼치는 모든 요인들을 인지하고 측정하는 것은 대단히 어렵다. 특히 수송비가 유통시스템 내에서 다른 요소비용과 트레이드오프(trade-off) 관계를 갖고 있을 때 더욱 그러하다.

그러나 궁극적으로 기업의 관리 목표가 이익 창출에 있다면, 모든 수송 요인들은 비용이라는 측면에서 중요하게 인지되어야 하며, 수송수단의 선택은 운영비용을 최소한으로 하든가 또는 자본수익을 최대한으로 하는가 하는 재무상의 문제가 되어야 한다.

이와 같이 수송수단의 선택은 전체 물류 요인과 각 요인과의 트레이드오프관계를 고려해야 하므로 수송수단 선택에는 많은 주의를 기울여야 하며, '최적(optimal)' 수송수단을 판정할 수 있도록 하기 위하여 다음과 같은 사항이 필요하다. 먼저 물류체계에서 수송에 영향을 미치는 요인들을 파악하고 수송수단의 선택을 결정하는 요인들을 확인해야 하며, 올바른 선택을 할 수 있도록 각 수송수단이 갖는 특성을 인지하고, 차후 선택이 올바로 되었는지 결과를 분석하고 이를 향후 이용할 수 있어야 한다.

또한 수송비의 분석, 이익수준 효과에 대한 이해, 그리고 유통체계에서 다른 요소에 대한 수송의 영향 등과 같은 분석을 통해 유통체계에서 수송에 대한 영향을 측정하는 것이 필요하다.

---

38) A. G. Slater, "Choice of the Transport Mode", *International Journal of Physical Distribution & Material Management*, Vol.12, No.3, 1982, p.72.

3) 물류전략과 국제수송수단의 선택

일반적으로 전략이란 목적을 이루기 위한 수단으로 정의되고 있으며, 비즈니스에 있어서 전략이란 조직의 목적과 목표를 이루기 위하여 행하는 일부 또는 일련의 행동을 말한다.[39] 또한 기업에 있어서 전략은 장래 조직의 나아갈 방향과 영역을 이루기 위하여 변화하는 환경에 기업의 자원을 이상적으로 배치하는 것이다.[40]

위와 같은 전략에 대한 개념을 바탕으로 물류전략의 목적을 다음과 같이 정의할 수 있다. 물류전략의 목적은 기업의 생산·판매 및 조달 활동을 통해 제품·부품 및 서비스의 이용 가능성을 증대시키고, 총비용을 절감하는 것이다. 여기에서 이용 가능성이란 다양한 제품의 판매기회를 증대함으로써 기회비용을 최소로 하고, 불확실성에 의한 리스크(risk)를 줄여 기업신축성을 증대하는 것이다.[41]

오늘날과 같은 글로벌 시대에서는 기업의 활동이 한 국가에서 이루어지지 않고 전 세계를 대상으로 이루어지기 때문에 물류전략도 보다 복잡해진다. 즉, 제품을 생산하여 판매할 때 어느 국가에서 원재료를 조달하여 어느 국가의 노동력을 이용하여 생산할 것이며, 어느 국가에 판매할 것인가 하는 국제 마케팅과 결합되어 물류전략이 계획되어야 한다.[42] 이와 같은 국제물류전략에서 국제수송의 적절한 활용이 중요한 문제가 되고 있다. 국제물류에서 수송이 가장 큰 비중을 차지하고 있으며, 서로 트레이드오프 관계에 있는 물류의 각 기능 중에서 수송 서비스의 수준이 물류의

---

39) C. John Langley, "Strategic Management in Transportation and Physical Distribution", *Transportation Journal*, Vol.22, No.3, 1983, p.31.

40) Malcolm Saunders, *Strategic Purchasing and Supply Chain Management*, Pitman Publishing, London, 1994, p.62.

41) 陶怡敏, "總合物流戰略と情報", 「海事産業研究所報」, No.324, 1993. 6, p.44.

42) 和多田作一郎, 「グローバル物流戰略」, 産能大學出版部, 1997, pp.52-54.

각 기능에 직접적으로 영향을 미치기 때문이다.43) 수송 서비스의 수준은
이용하는 수송수단에 따라 달라지므로 국제물류전략에서 수송수단의 선택
이 중요하다.

국제수송의 이용 요소는 수송비에만 달려 있지 않고 수송시간과 재고
비라는 트레이드오프(trade-off) 관계를 고려한 총비용(total cost)에 달
려 있다. 그러나 현실상 수송수단 선택이 총비용만을 기준으로 행해지지
않고 기업의 물류전략 및 제품의 판매 촉진 가능성에 따라 수송수단을
선택하는 측면이 강한 것으로 나타나고 있다.

항공수송을 이용하는 것이 비용이 더 든다는 총비용 분석 결과가 나올
경우라도 항공수송을 이용하는 편이 좋은 이미지를 받고, 판매 촉진에 기
여한다고 생각하는 수출입자는 항공 서비스를 구매한다. 즉, 총비용과 판
매수입 간의 트레이드오프(trade-off) 관계를 고려하여 이익이 발생한다는
판단이 설 경우 항공수송을 이용한다. 비용과 수익의 트레이드오프 관계
에서 판매기회의 손실로 입는 비용보다 항공수송을 이용함에 따라 얻는
기회비용이 크게 되는 경우에는 판매수입 요인의 작용을 중시하고 있다.

4) 국제수송의 전략적 활용사례

국제수송이 국제물류에서 가장 큰 비중을 차지함에 따라 글로벌 기업
들은 국제물류전략에서 국제수송을 매우 중요한 요소로 고려하고 있다.
다음의 사례들은 글로벌 기업들이 국제물류 활동에서 국제수송을 전략적
으로 활용하고 있음을 보여주고 있다.

---

43) John J. Coyle, Edward J. Bardi, and C. John Landgley, Jr., *The Management
of Business Logistics*, West Publishing Company, St. Paul, 1992, p.270.

① 베네통의 글로벌 물류 활동

베네통(Benetton)은 이탈리아 베니스 인근에 본사가 소재하고 있는 글로벌 패션 제조 및 소매업체다. 베네통은 1965년에 하청업체로 출발하여, 1968년에 처음으로 세 개의 점포를 개설한 다음 바로 1년 뒤에 해외에 점포를 처음으로 열어 첫 국제화 단계를 밟았다.44)

베네통은 1980년대에 매우 빠르게 성장하였다. 베네통은 한때 금융 분야로 사업 영역을 확장하였으나 오히려 어려움을 겪게 되자 기업의 모든 역량과 노력을 패션 분야에 다시 집중시켜 오늘의 성장신화를 이루어내었다.

베네통의 글로벌 전략은 전 세계적으로 유사한 전문매장에서 동일 제품을 판매하는 것이다. 전 세계적으로 유사한 매장 배치와 이미지 창출은 본사의 사전 계획에 따라 전략적으로 이루어진다.

패션산업은 특성상 제품의 수명주기(life cycle)가 짧고, 경쟁이 심하며, 시간에 민감하다. 짧은 수명주기에 대응하기 위하여 베네통은 생산 라인을 1년에 10차례나 전환하기도 한다. 고객 수요에 신속하게 대응하고, 완성된 제품을 빠르게 시장에 출하하기 위하여 고도의 즉각 응답 물류 시스템을 필요로 한다.

마케팅과 물류에서 탁월한 수준을 유지하기 위하여 베네통은 공급체인(supply chain) 형성에 주력, 하청업자들과 정보 및 물류 네트워크를 구축하였다. 베네통은 각 점포의 수요, 주문 및 마케팅, 제품믹스, 금융관리 등에 대한 정보를 동 업무를 전담하는 협력업체를 통하여 취합, 생산계획을 수립하고 이를 하청업체에 전달하여 바로 생산할 수 있도록 하고 있다.

일부 유행에 민감한 제품은 생산즉시 항공기를 임차하여 이탈리아의 Castrette에 있는 물류센터로 보내져 여기에서 전 세계의 매장으로 즉각 배송된다. 베네통의 물류전략은 재고를 최대한 낮추어 비용을 절감하나

---

44) Douglas M. Lambert, James R. Stock, and Lisa M. Ellram, *op. cit.*, pp.568-569.

고객의 수요에는 즉각 대응하여 수익을 최대한 올리는 것이다. 사전에 시장조사를 철저히 하여 고객의 수요를 파악하고 이를 바탕으로 제품을 생산하여 판매하기 때문에 재고율을 낮출 수 있는 것이다. 물론 이는 이탈리아에 있는 물류센터에서 전 세계의 매장으로 즉각 수배송할 수 있는 물류체계가 잘 갖추어져 있기 때문에 가능하다.

② 미 리미티드(Limited)사의 수송전략

리미티드(Limited)사는 미국의 숙녀복 체인스토어 중 가장 선두를 달리고 있는 기업이다. 1997년 기준으로 5,640개의 소매 매장을 갖고 있으며, 매출액은 91억 8천만 달러에 달하고 있다.[45] 리미티드사는 표준화(standardization), 단순화(simplification), 차별화(specialization)라고 하는 3S 슬로건을 행동기준으로 하여 독특한 조직관리와 교육체제 및 물류체계를 구축하고 있다.

특히 리미티드사의 자회사 중의 하나이며, 리미티드사에 상품공급을 담당하고 있는 매스트 인더스트리즈(Mast Industries)사의 물류체계 및 수송전략은 우수한 것으로 알려져 있다. 매스트 인더스트리즈는 약 30개국 200개소에 생산거점을 가지고 있는데, 이들 거점에서 생산한 제품을 그들의 우수한 수송시스템으로 미국의 오하이오 주 콜롬보스시에 있는 리미티드사의 물류센터로 제품을 수송하고 있다.

매스트 인더스트리즈의 제품 중 50% 이상은 홍콩 등 아시아 국가들에서 생산하고 있는데, 완성품의 수송에 대한 시간을 절약하여 어느 매장보다 유행을 리드하는 신선한 상품을 매장에 진열하기 위하여 완성품 수송을 선박을 이용하지 않고 항공기를 이용하고 있다.

대부분 점보제트기를 이용하고 있는데, 점보제트기는 주 3편, 생산거점에서 뉴욕이나 로스앤젤레스를 향해 출발한다. 매스트의 직원이 미국의

---

45) Limited Inc., *Financial Info 1997*, 1998, p.3.

세관에서 직접 통관수속을 하며, 바로 트럭을 이용하여 콜롬보스시에 있는 물류센터로 수송한다. 이러한 전 과정에 소요되는 시간을 불과 6일밖에 걸리지 않고 있다.[46) 그럼에도 이와 같은 소요시간을 더 단축하기 위하여 동사의 물류센터 인근에 화물용 공항을 건설하기 위한 정치적인 노력을 계속한 결과 주정부의 공항 건립을 이끌어내었다.

제2절 국제수송수단 선택 요인

1. 국제수송수단 선택 시 고려 요인

국제수송수단의 선택은 화물의 특성, 가치, 물량 등의 요인에 따라 해상 또는 항공으로의 명확한 구분이 되어 이루어지는가 하면, 기업의 경영전략, 물류전략 등에 따라 수송수단 선택 기준이 달라지기도 한다.

Fawcett는 수송수단을 선택할 때 고려해야 할 요인으로 운송할 화물의 상태(state), 수량(mass), 긴급성(urgency), 가치(value), 시장 상황(market) 등 다섯 가지 요인들을 제시하였다.[47)

화물의 상태가 고체상태, 액체상태, 또는 기체상태인가에 따라 수송수단 선택에 제한을 받기 때문에 화물의 상태가 수송수단 선택의 결정적인 요소로 작용될 수 있다. 제품의 상태에 따라 이용할 수 있는 수송수단이 제한되어 특정 수송수단만을 이용할 수밖에 없는 경우도 있다.

---

46) 다에코 사쿠라이 저/이용국 역, 「미 리미티드사 성장비결」, 포텍스, 1997, pp.191-192.

47) P. Fawcett, R. E. McLeish, and I. D. Ogden, *Logistics Management*, Pitman Publishing, London, 1992, pp.60-61.

화물의 무게, 수량, 부피 등도 수송수단의 선택에 중요한 결정 요인이 된다. 중량화물이거나 대량 수송을 요하는 화물의 경우, 또는 부피가 큰 화물의 경우도 수송수단 이용에 제한을 받기 때문에 이들 요인도 수송수단 선택에 결정적 요인으로 작용한다.

화물의 긴급성은 화물의 인도시간과 관련이 있는 요소로서 화물의 최종 인도 시간을 맞추기 위해서 한 개 이상의 수송수단을 선택할 수 있다. 종종 부패성 화물의 경우 상업적 가치가 시간에 좌우되기 때문에 긴급한 수송을 요하는 경우가 많다. 또한 패션상품이나 계절성 상품의 경우와 같이 어느 시기를 놓치면 판매가 불가능한 화물의 경우에도 수송수단 선택에 제한을 갖는다.

다음으로 수송비와 제품의 가치 사이의 관계가 수송수단 선택의 결정 요인이 된다. 수송비와 제품의 가치는 직접적인 비교를 통해서 평가할 수도 있고, 수송비와 수송 이후 제품에 부가되는 가치에 대해 비교 평가할 수도 있다.

제품의 시장 상황도 수송수단 선택 결정에 중요한 요인이 되고 있다. 제품이 판매될 시장이 전 세계에 분포되어 있느냐 아니면 어느 한 지역에 집중되어 있느냐에 따라 수송수단 선택이 달라질 수 있다.

Slater는 수송수단 선택을 결정하는 요인은 여러 가지가 있으나 이러한 요인들은 크게 경영적 요인(operational factors), 수송수단의 특성(characteristics of alternative transport modes), 경로 상황(channel situation) 등 3그룹으로 나눌 수 있다고 하였다.[48]

경영적 요인은 제품, 기업, 고객, 경영환경과 관련되는 요인으로 고객특성, 환경특성, 제품 특성, 기업 특성 등에 따라 수송수단의 선택이 달라진다. 고객특성으로는 고객의 지리적 위치, 인도 지점, 주문 크기, 서비스 요구 수준, 신용도, 수요의 탄력성, 거래 조건(FOB, CIF 등) 등이 고

---

48) A. G. Slater, *op. cit.*, pp.74-80.

려되어야 하며, 환경특성으로는 사회간접자본, 가능한 수송방법, 세금, 노동 및 자본의 이용성, 기술, 기후 조건 등이 고려되어야 한다. 제품 특성으로는 제품의 크기, 형태, 무게, 강도, 가치, 진부화 정도, 독성의 성질 등이 고려되어야 하며, 기업 특성으로는 공장 위치, 창고 위치, 마케팅 센터, 재무 상황, 시장 분포 등을 고려해야 한다.

다음으로 수송능력, 속도 등과 같은 각 수송수단의 특성과 제품의 제조에서 고객에 이르기까지의 유통경로가 수송수단의 선택을 결정하는 주요 요인으로 작용하므로 이들 특성을 정확하게 분석하여 경영적 요인과 잘 결합하는지 판단하여야 한다.

Lambert는 수송비 및 수송수단 선택에 영향을 미치는 요인을 제품과 관련된 요인과 시장과 관련된 요인 등 크게 두 가지로 분류하였다.[49] 제품 특성과 관련된 요인으로는 제품의 밀도(density), 적재의 적합성(stowability), 취급의 용이성(ease or difficulty of handling), 책임 부담력(liability) 등이 있으며, 시장(market)과 관련된 요인은 수송수단 내 및 수송수단 간 경쟁의 정도, 시장의 위치, 정부규제의 정도, 인바운드(inbound) 화물과 아웃바운드(outbound) 화물 간의 균형 정도, 제품 수송의 계절성, 제품의 국내 또는 국제간 이동 등이 있다.

밀도(density)는 제품의 부피에 대한 무게의 정도를 나타내는 것으로서 철강, 건축자재 등과 같이 크기에 비해 무게가 상대적으로 무거운 제품이 높은 밀도를 갖고 있다. 반면에 전자제품, 의류, 가방, 인형 등과 같이 크기에 비해 상대적으로 무게가 가벼운 제품은 낮은 밀도를 갖고 있다. 일반적으로 저밀도 제품이 고밀도 제품보다 단위 무게당 더 높은 운임을 지불하고 있다.

적재의 적합성(stowability)은 수송기관의 이용 가능한 공간에 제품을

---

49) Douglas M. Lambert, James R. Stock, and Lisa M. Ellram, *op. cit.*, pp.217-219.

40

적재하는 정도를 일컫는다. 예를 들면 곡물, 철광석, 석유제품 등과 같은 벌크 화물은 수송용기를 가득 채울 수 있으므로 적재의 적합성이 우수하나 자동차, 기계, 생동물 등은 적재의 적합성이 우수하지 못하다. 이와 같이 적재의 적합성은 제품의 크기와 형태, 그리고 기타 물리적 특성에 따라 다르다.

취급하기 어려운 제품은 수송비용이 더 든다. 물리적 특성이 일정한 제품 또는 장비로 취급이 용이한 제품은 화물 취급료가 적게 들고, 이에 따라 수송비도 적게 든다. 이와 같이 제품취급의 용이성(ease or difficulty of handling)에 따라 수송비용이 달라진다.

무게에 비해 높은 가치를 지닌 제품은 손상되기 쉽고, 도난당하는 비율이 높으며, 더 많은 수송비를 지불해야 한다. 운송인이 더 많은 책임을 부담해야 하기 때문에 높은 수송비가 부과된다.

Sherlock은 국제수송수단 선택은 무역계약조건에 따라 달라지며, 목적지, 제품의 특성, 수송속도, 비용 등이 수송수단 선택에 영향을 미친다고 하였다. 인코텀스(International Commercial Terms: Incoterms)[50]에서 규정하고 있는 13가지 정형무역거래 조건 중 EXW, FCA, FAS, FOB 조건에서는 매수인이 수송수단을 선택하고, CFR, CIF, CPT, CIP, DAF, DES, DEQ, DDU, DDP 조건에서는 매도인이 수송수단을 선택할 수 있으므로 어떠한 정형무역거래 조건을 선택하느냐에 따라 수송수단 선택의 주도권이 달라진다.[51]

Pooler는 수송수단 선택의 결정은 보통 속도와 비용을 절충하여 이루어

---

50) 인코텀스(Incoterms)는 국제상업회의소에서 1936년 처음 제정된 이후 무역환경의 시대적인 변화에 따라 1953년, 1967년, 1976년 및 1980년에 개정·보완된 바 있으며, 1990년에 EDI 방식에 의한 무역관습 등을 반영한 「Incoterms 1990」을 채택하여 1990년 7월 1일부터 시행해 오고 있다.

51) Jim Sherlock, *Principles of International Physical Distribution*, Blackwell Publishers, Oxford, 1994, pp.117-122.

진다고 주장하였으며, 바람직한 수송방법을 결정하기 위해서는 다음과 같은 요인을 고려해야 한다고 하였다. 즉, 제품의 필요 시기, 운임, 보험료, 선적 크기 및 무게, 제품의 가치, 양륙지 및 목적지, 손상 가능성, 도난 가능성, 이용 장비, 그리고 관련 서류의 작성 등에 대해 충분히 검토한 다음 결정해야 한다고 하였다.[52]

또한 Branch는 국제수송수단의 선택기준으로 제품의 성질, 포장 및 비용의 정도, 특수수송방법 취급의 용이성, 수송과 관련하여 부과되는 법적 의무, 수출입국의 이용 가능 수송제도, 운송사의 이미지, 이용 가능 수송 서비스의 적합성, 수송시간 및 긴급성, 화물의 수령 및 선적 기한, 수출 계약 조건 등을 들고 있다.[53]

이 밖에도 松橋幸一은 화물의 성질에 따른 시간적인 제약, 운임부담력에 의한 제약, 수송량에 의한 제약, 재고 및 반입빈도에 의한 제약, 수송 경로에 의한 제약 등에 따라 수송수단 선택이 달라진다고 하였다.[54]

지금까지 살펴본 바와 같이 수송수단 선택 시 고려 요인 또는 수송수단 선택을 결정하는 요인은 학자에 따라 약간씩 다르게 분류하고 있으나 크게 제품의 특성, 비용, 시장 상황, 화물의 인도시간, 수송수단의 특성, 유통경로 등으로 나눌 수 있다. 그러나 이러한 분류도 절대적인 것은 아니며, 국내수송과 국제수송의 경우에 달라지므로 실제 연구 시에는 사전 조사를 통하여 수송수단 선택 요인을 추출하는 것이 필요하다.

---

52) Victor H. Pooler, *op. cit.*, p.188.

53) Alan E. Branch, *Elements of Import Practice*, Chapman and Hall, London, 1990, pp.239-242.

54) 松橋幸一, "各種輸送機關の競爭力評價基準の硏究", 「海事産業硏究所報」, No.354, 1995. 12, p.40.

2. 수송수단 선택의 결정 변수

국제수송수단 선택을 결정하는 요인으로는 비용, 제품의 특성, 기업의 물류전략, 시장 상황 등이 있다. 이러한 요인은 수송수단의 선택에 중요한 영향을 미치지만 실제로 수송수단 선택을 결정하는 주요 변수는 시간과 비용이라 할 수 있다.

제품의 특성에 따라 수송비용에 대한 부담 능력이 달라지기도 하고, 기업의 물류전략 또는 시장 상황에 따라 수송시간의 조절이 이루어지기 때문에 수송시간과 수송비용은 수송수단을 선택할 때 고려되는 가장 중요한 변수라 할 수 있다.

1) 시간 변수

Stalk는 경쟁우위의 원천으로서 시간 경쟁력은 제조 지연의 감축, 즉시 대응, 다양성의 확대, 혁신을 가져온다고 강조하였으며, 그 결과 기업은 고객 유치의 우위를 확보할 수 있을 뿐만 아니라 경쟁 위험과 변화하는 시장에 더 잘 대응할 수 있다고 하였다.[55] 적절한 시간으로 기업 활동에 대응할 때 기업 전체의 경쟁력 우위의 기초를 이루고 있는 여타의 차별성이 모두 강화되기 때문이다.

Ballou는 기업의 경쟁우위로 이용되는 새로운 전략적 무기로 시간을 들고 있으며, 제품의 계획, 생산, 판매, 유통과정에서 시간을 단축함으로써 변화하는 시장(market)의 요구에 더 잘 부응할 수 있다고 하였다.[56]

---

55) George Stalk, Jr., "Time-The Next Source of Competitive Advantage", *Harvard Business Review*, 1988. July-August, p.47.

56) Ronald H. Ballou, *Business Logistics Management 3rd ed.*, Prentice-Hall, Inc., Eaglewood Cliffs, 1992, p.20.

오늘날 시간은 경쟁우위를 확보하는 중요한 요소가 되고 있다. 선도적인 기업은 생산, 판매, 유통, 신제품의 개발 및 시장 도입 부문에서 경쟁우위를 확보하는 가장 강력한 새로운 자원으로 시간을 활용하고 있다. 시간을 기반으로 우위를 추구하고 있는 서구의 기업이 점점 늘어가고는 있지만 이에 앞서 시간을 경쟁의 무기로 개발하고 실용화시키는 데 앞장서 온 것은 일본의 기업들이다.

일본의 선도 기업은 경쟁우위의 결정적인 원천으로 시간을 활용하고 있으며, 다른 기업이 비용, 품질, 재고 등을 관리하는 것 이상으로 시간을 관리하는 데 세심한 주의를 기울이고 있다. 일본의 기업은 시간을 기반으로 한 전략으로 비용을 절감했을 뿐만 아니라 제품 생산의 폭도 넓혔고, 시장도 확대하였으며, 제품의 기술 수준도 향상시켰다.

이와 같이 시간은 경영의 성과를 좌우하는 기본적인 변수이다. 경영자들이 기업의 성공을 결정짓는 요소로 꼽고 있는 것은 대개 대응시간, 리드시간, 마감시간, 정확한 시간 등이다. 때로는 시간이 돈보다 훨씬 중요한 성과의 척도가 되는 경우도 있다.

기업 성공의 전통적 관점에서는 경쟁력 우위를 확보할 수 있는 최선의 길이 최고의 가치를 최소의 비용으로 제공하는 것이었지만 기업 성공의 새로운 관념은 최고의 가치를 최소의 비용으로 최단 시간 내에 제공하는 것이다.

시간 단축으로 생산성이 향상되고, 고객의 대응시간이 단축되면 높은 가격으로 판매할 수 있으며, 또한 시간이 단축되면 위험이 줄어든다. 고객의 요구에 대한 기업의 대응력에 따라 이 기업의 상품이나 서비스에 지불되는 가격, 결국 그 기업의 수익이 커다란 영향을 받는다. 고객에 대한 대응이 경쟁상대보다 빠르면 빠를수록 그만큼 성장도 빨라지고 가격과 수익도 높아진다.

비즈니스에 있어서 전략적 우위의 큰 흐름은 전환기를 맞이하고 있다.

비용에 기반을 둔 경쟁우위는 시간과 다양성으로 그 기반을 옮겨가고 있다. 미국 월마트(Wal-Mart)의 성공도 고객의 요구에 신속한 대응력을 보인 데 기인한 바가 크다. 월마트는 경쟁기업보다 더 잦은 빈도로 각 점포에 제품을 공급하여 소비자의 수요에 즉각 대응하고 있다. 이와 같이 제품의 공급 빈도를 높임으로써 1/4의 재고만으로도 동일한 수준의 서비스 제공이 가능하며, 재고량을 같은 수준으로 유지하여 소비자의 선택 폭을 크게 확대시켰다. 월마트는 가격할인(discount) 소매업계 평균보다 3배나 빠른 속도로 성장하고 있으며, 업계 평균 2배 이상의 자본 이익률을 기록하고 있다.

이와 같은 시간 전략은 물류에도 활발히 적용되고 있다. Murphy와 Farris는 1990년대에는 시간에 대한 중요성이 크게 강조되며, 이를 전략으로 채택하는 기업이 더 많아지게 되므로 수송기업도 이러한 기업의 전략을 지원할 수 있는 체제로 나아가야 한다고 하였다.[57]

McGinnis와 Kohn은 시간 대응에 대한 연구에서 시간 대응은 물류전략의 중요한 요소이므로 물류 시스템을 통합한다면 시간 대응을 단축시킬 수 있다고 결론을 내렸다.[58] 따라서 경쟁우위의 원천으로서 시간 경쟁력이 중요한 물류전략의 개발을 위하여 물류전략과 시간 경쟁력 간의 상호관련성을 이해하는 것이 필요하다.[59]

Tyworth와 Zeng은 수송과 재고가 물류비용의 대부분을 발생시키고, 고객 서비스의 질을 좌우하므로 수송시간의 효과를 측정하여 비용과 서비스

---

57) David J. Murphy and Martin T. Farris, "Time-based Strategy and Carrier Selection", *Journal of Business Logistics*, Vol.14, No.2, 1993, p.37.

58) Michael A. McGinnis and Jonathan W. Kohn, "A Factor Analytic Study of Logistics Strategy", *Journal of Business Logistics*, Vol.11, No.2, 1990, pp.46-58.

59) Michael A. McGinnis, "Logistics Strategy, Organizational Environment, and Time Competitiveness", *Journal of Business Logistics*, Vol.14, No.2, 1993, pp.3-4.

의 효율화를 꾀해야 한다고 주장하였다.[60]

시간의 전략적 이용은 기업의 물류전략과 맞물려 중요성이 더해지고 있다. 특히 수송수단의 선택에 따른 서비스 수준 제고 및 비용의 절감이라는 문제에 접하고 있는 기업의 경우 물류전략적인 차원에서 시간의 중요성이 높아지고 있다.

이와 같이 국제수송수단의 선택에서 시간은 매우 중요한 수송수단 선택 요인이 되고 있다. 일반적으로 제품의 특성, 기업의 물류전략 등에 따라 수송수단의 선택이 이루어지고 있지만 시간을 중요시하는 화물의 경우 비용을 더 지불하더라도 빠른 수송수단을 선택하고 있다. 또한 수송시간과 수송 중 재고비 등을 고려하여 수송시간이 단축됨에 따라 수송 중 재고비가 줄어드는 폭이 더 크다면 빠른 수송수단을 선택하는 것이 바람직하다.

2) 비용 변수

비용은 기업 활동과 서비스의 수준변화에 따라 변화하며, 의사결정에 유용한 자료로서 활용된다. 비용 산정은 투입된 비용과 그에 따른 산출(output)과의 관계를 밝히는 것으로서 다양한 문제를 분석하고 해결책을 제시하기 위해서는 비용이 함축하고 있는 바를 명확히 알아야 한다.[61]

기업의 물류 활동에서 비용과 서비스는 불가분의 관계로서 비용은 낮추고 서비스를 높이는 것이 물류효율화의 관건이 되고 있다. 서비스를

---

60) John E. Tyworth and Amy Zhaohui Zeng, "Estimating the Effects of Carrier Transit-Time Performance on Logistics Cost and Service", *Transportation Research A*, *Vol.*32A, No.2, 1998, pp.89-97.

61) W. G. Waters, II, "Statistical Costing in Transportation", *Transport Economics: Selected Readings*, Korea Research Foundation For the 21st Century, 1995, pp.175-176.

희생하여 비용의 절감을 꾀하고, 비용을 무시하여 서비스의 향상을 요구하는 것은 물류효율화를 위한 적절하지 못한 방법이다. 물류효율화를 추진하기 위해서는 비용과 서비스 수준을 계량적으로 연동시켜 서비스 수준의 향상이 비용의 증가를 초래하는 사실을 명확히 함과 동시에 비용의 증가를 서비스의 가격에 반영시킬 필요가 있다.[62]

비용과 서비스는 국제수송 활동에서도 마찬가지로 작용하고 있다. 국제수송에서 비용은 수송 서비스 수준을 결정하고 수송수단 선택에 결정적인 영향을 미치는 매우 중요한 요인으로 작용하고 있으며, 치열한 글로벌 경쟁 환경에서 경쟁력을 유지하기 위하여 기업은 구매, 마케팅, 수송 등 각 분야의 서비스를 희생함이 없이 비용 효율화를 이루는 것이 요구되고 있다.[63]

수송비는 국제교역을 고려할 때 가장 중요한 요인이다. 국제수송 네트워크가 충분히 갖추어지지 않은 멀리 떨어진 지역과 교역할 때 수송비는 더욱 중요한 요인이 된다. 국제교역에서 물류비는 많은 부분을 차지하고 있으며, 수송, 보관, 고객서비스는 서로 상관관계를 갖고 있기 때문에 수송 서비스를 구매할 때 어느 한 분야를 독립적으로 고려해서는 안 되고 전체 물류 시스템 차원에서 판단하여야 한다.[64]

단순히 수송수단 간 운임만을 비교할 경우 해상보다 항공 운임이 더 높기 때문에 일반적으로 해상수송을 선택하는 경우가 많다. 그러나 수송수단 선정 시 단순히 운임만을 비교하지 않고 총물류비(total logistics cost)를 비교할 경우 그 결과는 달라질 수 있다. 총물류비란 수송비, 재고유지비, 기타 비용 등의 합을 말하는데 총물류비 요소는 수송수단 선택에 영향을 미치는 하나의 요인으로 작용하고 있다.

수송수단 선택에 따른 총물류비 비교는 많은 학자에 의해 이루어져 왔

---

62) 西澤脩, 「物流コスト・マニュアル」, 中央經濟社, 1992, pp.20-21.

63) Victor H. Pooler, *op. cit.*, p.187.

64) John J. Coyle, Edward J. Bardi, and Joseph L. Cavinato, *op. cit.*, p.40.

는데, 그 대표적인 학자가 John C. Cook이다. 항공수송 분야의 전문 컨설턴트인 Cook은 높은 운임을 지불해야 하는 항공수송의 경제적 타당성을 설명하기 위한 그의 연구에서 총비용(total cost) 관점에서 총물류비를 분석하고 이에 따라 수송수단을 선택해야 한다고 주장하였다.

총물류비는 수송비(transportation cost), 재고유지비(inventory carrying cost), 기타 비용(other cost) 등으로 구성된다. 따라서 화주가 부담하는 총물류비에 따라 선적 선택이 상호 비교되어질 수 있다. 수송비에는 운임, 수송기간, 이자 등의 요인이 포함되므로 이를 감안하여 수송비를 계산해야 한다. 재고유지비에는 자본비, 보관비, 진부화비용 등이 포함되며, 기타 비용에는 보험료 등이 포함되어 있다.[65]

3. 국제무역과 국제수송수단의 선택

1) 기업의 글로벌화 수준과 수송수단의 선택

오늘날 기업의 글로벌화(globalization)는 기업의 생존을 위한 필수조건이다. 글로벌화로 나아가기를 실패한 기업은 더 낮은 비용, 더 많은 경험, 더 좋은 제품, 더 나은 고객 서비스 등을 가진 경쟁자에게 국내시장마저 잃을 위험이 있다. 따라서 기업이 글로벌 시장에 진출함은 해외 시장에 대한 매력보다는 기업의 생존을 위한 불가결한 선택이라 할 수 있다.[66]

일반적으로 기업 활동의 국제화와 글로벌화는 기업 활동이 행해지고 조직되는 방법에 영향을 미쳤으며, 조직 구조는 점차 새로운 글로벌 비

---

65) John C. Cook, *International Air Cargo Strategy*, Freight Fress Inc., Philadelphia, 1983, pp.277-278.

66) Warren J. Keegan, *Global Marketing Management 5th ed.*, Prentice-Hall, Inc., Eaglewood Cliffs, 1995, pp.3-4.

즈니스 환경을 반영하였다. 이러한 진전은 많은 기업에 있어 국제물류 기능의 중요성을 크게 증대시켰다.[67]

글로벌화의 진전은 기업의 물류기능의 중요성을 증대시켰다는데 대부분 의견의 일치를 보고 있다. 기업의 글로벌화로 수송의 리드 타임(lead time)이 길어지고 재고수준이 높아짐에 따라 물류관련 비용의 지출이 높아지게 되었다. 오늘날과 같은 시간기준 경쟁 환경에서 비즈니스를 성공적으로 운영하기 위해서는 체계적인 물류관리가 필요하며, 가능하면 리드 타임을 단축해야 한다.[68]

국제수송수단 선택의 경우 글로벌 기업과 글로벌화되지 않은 기업 간에는 차이를 보이고 있다. 전 세계를 대상으로 비즈니스를 전개하는 글로벌 기업은 체계적인 물류관리와 리드타임의 단축을 위해 수송수단의 선택 시 전략적 및 비용적인 요인을 고려하지 않을 수 없으나 단순 수출기업의 경우 매수인의 요구에 의해 제품을 생산하여 선적하면 되기 때문에 수송수단의 선택이 그다지 중요하지 않게 된다. 즉, 기업의 글로벌화 수준에 따라 수송수단 선택의 중요도가 달라진다고 볼 수 있다.

2) 수출입과 수송수단의 선택

수출과 수입은 동전의 양면과 같이 서로 불가분의 관계에 있다. 수출은 다른 국가에 있는 고객에게 제품을 공급하는 것이고, 수입은 역으로 공급을 받는 것이다. 그러나 수출과 수입에는 중요한 차이가 있다. 즉, 수입자는 제품의 매수인이자 고객이라는 점이고, 수출자는 매도인이자

---

67) Janjaap Semeijin, *International Logistics Services: A Carrier-Shipper Comparison of One-stop Shopping*, unpublished Ph.D. Dissertation, Arizona State University, 1994, pp.27-39.

68) John J. Coyle, Edward J. Bardi, and C. John Langley, Jr., *op. cit.*, pp.123-124.

판매자라는 점이다.[69]

수출과 수입을 위한 국제매매계약에서 대금 지급시기는 아주 중요하다. 대금의 지급시기에 따라 수출자 또는 수입자가 부담하는 비용이 달라지기 때문이다. 일반적으로 대금 지급시기는 선적시기를 기준으로 하여 선적 전 지급, 선적 시 지급, 선적 후 지급의 세 가지로 나누어 볼 수 있다. 선적 전 지급이란 통상 선지급 또는 선불을 말하며, 선적 시 지급은 통상 현물 또는 현물과 동일시되는 선적서류와 상환으로 대금이 지급되는 동시 지급의 성격을 띠는 지급조건이며, 선적 후 지급은 물품선적 후 일정한 기간이 경과된 이후에 대금을 지급하는 방법을 말하며 후지급이라고 한다.[70]

선지급과 후지급 방식은 매도인과 매수인 상호간에 이해가 상반되므로 선적 시 또는 물품인도 시 대금을 지급하는 조건이 비교적 공평한 지급 방식이라 할 수 있으며, 무역 거래상 가장 많이 이용되는 신용장 방식이 이에 해당되므로 이를 기준으로 설명하기로 한다.

신용장 방식으로 무역 거래할 경우 수출자인 매도인이 제품을 선적하고 선하증권을 받아 은행에 제출하면 대금을 지급받게 된다. 따라서 매수인인 수입자는 수출자가 제품을 선적 시에 이미 대금을 지불하게 되고 이때부터 매수인의 책임부담이 커지므로 수입물품에 대한 철저한 관리가 필요하다. 이는 수입자의 경우 수입물품의 전체 비용을 고려하여 수입물류를 관리하고 전체 물류비용의 절감을 꾀할 필요성이 크다는 것을 의미한다.

이와 같이 수출과 수입은 서로 상반된 입장에 있으며, 이에 따라 국제 물류에 있어서 가장 중요한 요소인 수송수단 선택에 대한 수출입자의 선택 행태가 다르게 나타나고 있다.

---

69) Warren J. Keegan, *op. cit.*, p.580.

70) 이용근, 「무역계약론」, 법문사, 1994, pp.228-235.

3) 무역 거래조건과 수송수단의 선택

무역 거래에 있어서 무역계약의 당사자인 매도인 및 매수인 사이에 무역
계약의 목적물에 대한 권리이전의 시기, 위험부담 및 비용부담의 분기점,
계약목적물의 인도장소, 운송계약 및 보험계약의 체결의무 등에 대하여 규
정하고 있는 것이 인코텀스(Incoterms)이다.[71]

인코텀스(Incoterms)에서 규정하고 있는 13가지 정형거래조건에서 가장
많이 사용하는 것이 FOB와 CIF 조건이므로 이를 중심으로 설명하고자 한
다. 무역 거래조건 중 위험부담과 비용부담을 어떻게 하는가는 무역업자에
게 대단히 중요한 문제이다. 무역 거래조건은 운임, 보험료 등의 비용부담
을 매도인과 매수인 중 누구에게 시킬 것인가를 정하고 있다. 그러나 위험
부담은 어느 경우이든 선적지에서 화물이 본선에 선적되면 그 이후 매도인
으로부터 매수인에게 이전된다.

FOB 조건에서 수출자는 본선의 난간(ship's rail)을 통과하기 전까지의
모든 위험과 비용만을 책임지고 그 이후에는 책임을 지지 않는다. 따라
서 수출자인 매도인(seller)은 선적완료와 동시에 계약상품에 대한 위험
으로부터 면제되고, 선복의 수배 및 해상 보험의 부보 의무가 면제된다.
이에 반해 수입자인 매수인(buyer)은 수송수단이 되는 선박을 수배해야
되는 수고가 뒤따르지만 유리한 운임으로 운송계약을 맺을 수 있으며,
보험계약에 있어서도 자신에게 유리한 보험의 선택권을 행사할 수 있다.

CIF 조건은 선적 시까지의 상품의 가격에 목적지까지의 해상운임 및
해상보험료를 가산한 가격조건이다. 동 조건에서 매도인은 선박을 수배
하여 상품을 선적하고 도착항까지의 운임을 지급하며 적하보험에 부보하
여 선적서류를 매수인에게 제공하는 한편, 매수인은 선적 이후의 위험을
부담하고 선적서류와 상환으로 대금을 지급한다.[72] 따라서 CIF 조건은

---

71) 한주섭 · 이용근, 「무역관습론」, 동성사, 1993, pp.35-43.

매도인이 수송계약 및 보험계약을 체결하는 부담을 안게 되나 자신에게 유리한 계약을 행사할 수 있고, 물량이 많을 경우 운임에 대한 협상력도 높아진다.

이와 같이 무역 거래조건에 따라 수송계약에 대한 주도권을 매도인 또는 매수인이 갖게 되므로 수출입자는 무역 거래조건을 충분히 활용하여 자신에게 유리한 계약을 체결하는 것이 바람직하며, 국제물류 전략 측면에서 이를 활용하여야 한다.

기업의 정책이 집중 시스템을 갖느냐 분산 시스템을 갖느냐에 따라 수송 체계가 달라지며, 기업의 물류전략에 따라 무역 거래조건을 선택하는 것으로 나타나고 있다. 예를 들면 많은 다국적 기업은 수출할 때는 CIF 조건으로 하고 수입할 때는 FOB 조건으로 한다. 이는 다국적 기업이 물류 채널에서 주도적인 역할을 갖고 수송회사와의 운임 협상에서 우위를 확보하기 위함이다. 수송회사와의 운임 협상을 본사에 집중하기 때문에 대량의 물량을 가지고 낮은 운임으로 거래할 수 있다.[73]

한편, 미국의 경우 수출과 수입통계가 모두 FOB 기준으로 작성되며, 수입관세는 원칙적으로 수송비를 제외한 제품의 가격을 기준으로 부과되므로 수입시에 FOB 조건보다 EXW 조건으로 계약하는 것이 유리하다. 수입자가 EXW 조건으로 계약하고 현지에서의 내륙수송을 별도로 할 경우 내륙수송비는 관세부과 시 제품가격에 합산되지 않기 때문이다.[74]

우리나라의 경우 수출통계는 FOB 기준으로 작성되나 수입통계는 CIF 기준으로 작성되고 수입관세 부과도 CIF 기준에 의해 이루어지고 있다.

---

72) 이대우, 「수입실무」, 한국금융연수원, 1996, pp.32-33.

73) Gunnar K. Sletmo and Jacques Picard, "International Distribution Polices and the Role of Air Freight", *Journal of Business Logistics*, Vol.6, No.1, 1985, p.47.

74) Dick Locke, *Global Supply Management: A Guide to International Purchasing*, Irwin Professional Publishing, Chicago, 1996, p.156.

이에 따라 같은 제품이라도 국제수송비에 따라 관세가 달라지게 되어 불합리하므로 향후 미국과 같이 제품가격을 기준으로 수입관세를 부과하는 것이 바람직한 것으로 판단된다.

제3절 수송수단 선택에 관한 주요 연구 모형

1. Liberatore에 의한 모형 분류

Liberatore는 수송수단 선택 모형을 기술적 모형(descriptive model)과 규범적 모형(normative model)으로 분류하였다.[75] Liberatore는 수송수단 선택에 영향을 미치는 요인을 중심으로 한 연구를 기술적 모형으로 분류하였고, 직접수송비, 수송 중 비용, 주문비, 재고비 등과 같이 수송에 따른 비용을 중심으로 한 연구를 규범적 모형으로 분류하였다.

1) 기술적 모형(descriptive model)

Liberatore는 수송수단 선택에 영향을 미치는 주요 요인을 규명하기 위한 연구를 기술적 모형으로 분류하였다. 기술적 모형은 연구 수행 시에 집계 자료(aggregate data) 또는 비집계 자료(disaggregate data)를 이용하고 있는데 집계 자료는 수송 센서스(census) 등을 통해 구하며, 비집계 자료는 주로 조사(survey)를 통해 구하고 있다.

---

75) Matthew J. Liberatore, "A Model of Freight Transport Selection", *Transportation Journal*, Vol.18, No.4, 1979, pp.93-94.

기술적 모형을 이용한 연구는 Miklius[76]와 Kullman[77]에 의해 이루어졌다. 이들은 철도와 트럭 간 수송수단 이용에 대한 수요를 분석하기 위하여 이항선택 모형을 개발하였는데, 이들 연구는 당시에 기술적 모형을 이용한 우수한 연구 논문으로 평가되었다.

Miklius는 냉장 야채에 관한 1963년 수송 센서스 자료를 이용하여 선적 크기, 수송거리, 그리고 출발지의 작업 등이 수송수단 선택과 관련성이 있는지 조사하였다. 선형판별함수를 이용한 그의 연구 결과는 수송거리보다 선적 크기가 수송수단 선택에 더 많은 영향을 미침을 보여주고 있다. Kullman은 도시 간 수송 화주에 대한 수송수단 선택 모형을 개발하기 위하여 로짓(logit) 분석을 이용하였다.

그러나 Miklius와 Kullman의 연구는 모두 집계된 자료(aggregated data)를 이용하였기 때문에 수요예측의 정확성이 떨어지는 문제점이 있다.

이와 같은 문제점을 극복하기 위하여 Hartwig와 Linton[78]은 로짓 모형(logit model)[79]을 활용한 연구에서 비집계 자료(disaggregate data)를 이용하였으며, 비용(cost), 트랜짓 타임의 신뢰성(transit time reliability), 트랜짓 타임(transit time), 제품의 가치(value of the commodity) 등을 수송수단 선택에 결정을 미치는 주요 변수로 채택하였다.

이외에도 많은 연구가 행해졌는데 연구마다 고려하는 요인들이 각각

---

76) Walter Miklius, "Estimating Freight Traffic of Competing Transportation Modes: An Application of the Linear Discriminant Function", *Land Economics*, Vol.65, 1969, pp.267-273.

77) Brian Kullman, *Rail and Truck Competition in the Intercity Freight Market*, unpublished Ph.D. Dissertation, Massachusetts Institute of Technology, 1973.

78) J. C. Hartwig and W. E. Linton, *Disaggregate Mode Choice Models of Intercity Freight Movement*, Transportation Research Center Report, Northwestern University, 1974.

79) 로짓 모형(logit model)은 개인의 효용극대화에 따른 확률이론에 그 배경을 둔 모형으로서 교통수단 선택 등에 활용되고 있다.

다르지만 연구에서 나타난 주요 고려 요인들을 살펴보면 다음과 같다. 즉, 제품의 유형, 가치, 형태 등과 같은 제품 속성, 선적 크기, 운송거리 등과 같은 선적 속성, 화물 운송의 규칙성, 총물동량, 목적지 등과 같은 화주의 속성, 그리고 운임, 수송기간, 수송 서비스 빈도, 신뢰성 등과 같은 서비스 속성 등으로 나눌 수 있다.

기술적 모형은 수송수단 선택에서 유용한 통찰력을 제공한다는 점에서 그 가치가 있다고 할 수 있다.

2) 규범적 모형(normative model)

Liberatore는 수송수단 선택에서 분석적 접근법을 활용한 모형을 규범적 모형으로 분류하였다.[80] 규범적 모형에서 화주는 총비용을 최소화하는 서비스 속성을 선택하는 것으로 가정하고 있다. 즉, 화주의 수송수단 선택은 수송수단이 갖는 서비스 속성을 선택함으로써 이루어진다고 보고 있으며, 이와 같은 서비스 속성을 '관념적 모드'(abstract mode)라는 개념으로 부르고 있다.[81]

Quant와 Baumol[82]이 처음으로 여객수송 수요의 추정에서 관념적 모드 접근법을 적용하였으며, Baumol과 Vinod[83]는 화물수송수단 선택에서 이를 적용하여 많은 이론적 공헌을 남겼다.

---

80) Matthew J. Liberatore, *op. cit.*, p.93.

81) Tae Hoon Oum, *Demand for Freight Transportation with a Special Emphasis on Mode Choice in Canada*, Center for Transportation Studies in University of British Columbia, Vancouver, 1980, p.11.

82) Richard E. Quant and William J. Baumol, "The Demand for Abstract Transport Modes: Theory and Measurement", *Journal of Regional Science*, Vol.16, No.7, 1970, pp.413-421.

83) W. J. Baumol and H. D. Vinod, "An Inventory Theoretic Model of Freight Transport Demand", *Management Science*, Vol.16, 1970, pp.413-421.

Baumol과 Vinod는 각 수송수단은 경제성, 속도, 신뢰성, 손실 및 훼손의 방지 등과 같은 서비스 속성에 의해 특징지어지며, 화주는 총비용을 최소화하는 수송수단을 선택한다고 가정하였다. 각 수송대안에 대한 총비용은 운임, 수송 중 유지비, 주문비, 재고비 등의 합계로 표시되며, 최적 주문량은 이와 같은 총비용을 최소화하는 선에서 결정되므로 총비용이 가장 낮은 수송수단이 선택된다고 주장하였다.

수송기간 중의 재고수준을 어느 정도로 가져가고 이를 어떻게 측정할 것인가가 규범적 모형에서 중요한 문제로 대두되었다. Baumol과 Vinod는 수송기간 동안에 재고소진의 확률은 포아송 분포(Poisson distribution)를 그리고 있다고 가정하였으며, Das[84]는 안전재고의 크기를 결정하는 근거로서 수송기간 동안 수요의 변화성에 대한 예측 방법을 활용하였다.

규범적 모형은 수송수단의 선택에 대한 분석적이고, 체계적인 접근법을 도입했다는 점에서 높이 평가되고 있다. 또한 수송 서비스의 가치뿐만 아니라 수송수단 속성의 가치가 화주의 수송수단 선택 결정에 작용한다는 것을 보여주고 있다.

그러나 규범적 모형에서는 수송거리, 선적 크기, 화주의 규모 등과 같은 요인을 고려하지 않고 있으며, 이러한 요인의 적용에 대한 기준을 설정하고 있지 않아 실제 적용에는 어려움이 많다. 또한 동일한 수송조건일 때 화주는 동일 수송수단을 선택한다는 가정을 바탕에 두고 있어 화주의 실제 수송수단 선택에서 확률적 특성을 배제하고 있다

위와 같은 단점에도 불구하고 규범적 모형은 실증적 연구에서 합리적인 가정의 형성에 대한 이론적 근거를 제공했다는 점에서 의미가 있다.

---

84) C. Das, "Choice of Transport Service: An Inventory Theoretic Approach", *The Logistics and Transportation Review*, Vol.10, No.2, 1972, pp.181-182.

2. Cunningham에 의한 모형 분류

수송수단 선택 모형을 Liberatore가 기술적 모형과 규범적 모형 등 두 가지로 분류한 데 반해 Cunningham은 전통적 접근법(traditional approach), 현시적 선호도 접근법(revealed preference approach), 행동 모형(behavioral model), 재고이론 모형(inventory-theoretic model) 등 네 가지로 분류하였다.[85]

전통적 접근법은 경쟁관계에 있는 수송수단 간의 비용 특성을 근거로 하고 있으며, 선호도 접근법에서는 수송수단 간 실제 드러난 교통량을 활용하고 있다.

행동 모형은 수송수단 선택에서 의사 결정자의 인식이 미치는 영향에 대해 분석하며, 재고이론 모형에서는 선적 제품의 출발지에서 도착지까지의 총비용을 근거로 한 수송수단 선택 방법을 제시하고 있다.

전통적 접근법과 선호도 접근법은 주로 수송수단 간 경쟁관계를 규명하기 위하여 사용되며, 화주의 수송수단 선택 결정에 대한 평가 지표로 활용되고 있다. 행동 모형과 재고이론 모형은 수송수단 선택을 설명하기 위해 이용되는 일반적인 모형 유형이다.

1) 전통적 접근법(traditional approach)

전통적 접근법은 일정한 거리를 이동할 때 경쟁관계에 있는 수송수단 간의 비용 차이에 초점을 맞추고 있으며, 비용을 최소화하는 방향으로 수송 자원을 최적 배치해야 한다는 이론을 토대로 하고 있다.

---

85) Wayne H. J. Cunningham, "Freight Modal Choice and Competition in Transportation: A Critique and Categorization of Analysis Techniques", *Transportation Journal*, Vol.21, No.4, 1982, p.66.

전통적 접근법에 따르면 경쟁관계에 있는 수송수단 간 비용 수준의 유사성에 따라 경쟁의 강도가 정해지며, 이에 따라 수송수단 간 발생하는 비용이 비슷하면 비슷할수록 경쟁이 더 심해지는 것으로 분석되고 있다. 그러나 전통적 접근법에서는 실제 수송비용을 적용하고 있으나 서비스 질에 대해서는 고려하지 않은 점이 단점이다.

수송수단 간 경쟁의 특성을 규명하기 위한 최초의 의미 있는 연구는 Meyer[86] 등에 의해 이루어졌다. 이는 수송수단 간 경쟁의 정도를 측정하기 위해 전통적인 접근법을 적용한 가장 두드러진 연구이다.

Meyer의 연구에 따르면, 100마일 이하를 수송할 경우에는 자동차가 비용우위를 가진 반면 200마일 이상 운송할 경우에는 철도가 비용우위를 가진 것으로 나타나고 있다. 따라서 철도 수송이 가능한 곳에 장거리 트럭 서비스를 이용하게 되면 더 많은 사회적 비용을 지불해야 하고, 비용을 최소화하는 최적의 교통자원 배치와도 어긋난다고 지적하고 있다.

Woods와 Domencich[87]는 철도 수송이 자동차 수송에 비해 뒤지게 된 원인에 대한 연구에서 전통적 접근법을 이용하였다. 이들의 연구는 트랜짓 타임(transit time), 선적 크기 등과 같이 자동차 수송이 철도 수송보다 서비스 우위를 가진 요인의 효과 측정에 초점을 맞추었다. 연구 결과 철도보다 우수한 트럭 서비스의 가치를 철도 이용료에 포함시키더라도 트럭에 의해 움직이는 교통량의 약 24.2%를 철도로 전환하는 것이 더 경제적이라는 결론이 내려졌다. 또한 철도 운임이 평균운임으로 고정되어 있고, 서비스에서 불리하지 않을 경우에는 트럭 교통량의 2/3가 철도

---

86) John R. Meyer, *et al.*, *The Economics of Competition in the Transportation Industries*, Harvard University Press, 1959.

87) Douglas W. Woods and Thomas A. Domencich, "Competition Between Rail and Truck in Intercity Freight Transportation", *Proceedings-Twelfth Annual Meeting, American Transportation Research Forum*, 1971, pp.257-288.

로 전환될 수 있다고 분석되었다.

Morton[88]은 이와 같은 전통적 접근법에 두 가지 문제점이 있음을 지적하였다. 첫째, 수송과 관련한 대부분의 비용들이 고정비이고, 여러 비용들이 결합된 것이기 때문에 개별 수송 화물에 이러한 비용들을 분할하는 것은 임의적으로 이루어질 수 있다. 그러므로 비용 비교가 이러한 분할된 부분을 근거로 하고 있다면, 비용의 유사성 및 경쟁의 정도는 논쟁의 소지가 많다.

둘째, 전통적 접근법의 문제는 서비스 질에 대해 제대로 주의를 기울이고 있지 않다는 점이다. 화주들은 더 이상 단순히 최소의 비용을 지불하는 수송수단을 선택하지 않는다. 화주들은 수송수단을 선택할 때 운임, 속도, 트랜짓 타임의 신뢰성 등을 최적으로 조합하고, 화물의 손상 및 분실을 가장 최소화할 수 있는 수송수단을 선택한다. 이와 같이 부가적인 수송 서비스에 대해 비용을 지불함으로써 전체 물류체계에서 재고비와 포장비와 같은 다른 비용의 절감을 가져올 수 있음을 지적하고 있다.

2) 선호도 접근법(revealed preference approach)

선호도 접근법은 교통 통계에 나타난 수송수단별 수송실적을 근거로 하여 실제로 화주들이 어떠한 수송수단을 선호하는지를 분석하는 방법이다. 이는 의사결정자가 수송수단을 선택한 이후에 통계에 나타난 교통분할을 조사하는 것이기 때문에 행동 요인 및 물류적 요인이 함축적으로 내포되어 있다.

선호도 접근법에 의한 분석 결과에 따르면 화주의 수송수단 결정은 선적 크기, 수송거리, 제품 가치와 같은 요인에 의해 결정되며, 모든 수송

---

88) Alexander Lyall Morton, "International Competition for the Intercity Transport of Manufactures", *Land Economics*, Vol.48, 1972, p.358.

수단에 경쟁이 똑같은 정도로 존재하고 있지 않은 것으로 나타나고 있다. 따라서 선적 크기, 수송거리, 제품 가치 등과 같은 요인과 기타 변수가 수송수단 간 경쟁의 정도를 결정하고 있는 것으로 분석되었다.

Rakowski[89]는 경쟁관계에 있는 철도 – 트럭 간 수송 조사에서 선호도 접근법을 이용하여 수송거리, 선적 크기, 제품 가치가 수송수단의 선택에 주는 영향에 대해 조사하였다. 수송거리 하나만을 기준으로 할 때 동일 물량을 수송할 경우에 철도 수송비는 275마일에서 트럭 수송비와 같아지나 초단거리 또는 장거리 수송을 제외하고는 철도와 자동차 간에 경쟁관계가 있음을 밝혀내었다.

또한 양 수송수단은 거의 모든 중량물의 수송에 참여하고 있는 것으로 나타났다. 철도의 시장 점유율은 선적 무게가 4만 파운드까지는 거의 20%에서 안정되어 있으나 4만 파운드 이상부터는 급격하게 높아지고, 상대적으로 트럭의 시장 점유율은 떨어지는 것으로 조사되었다. 4만 파운드가 초과할 경우에는 트럭에서 철도로 전환됨에도 불구하고 선적 무게가 8만 파운드인 경우에 트럭의 시장 점유율은 약 20%에 달하고 있는 것으로 나타났다.

이 밖에도 Rakowski의 연구 결과, 철도는 벌크 화물과 제품 가치가 낮은 화물의 수송에서 큰 점유율을 나타내고 있으며, 반대로 높은 가치의 제품은 트럭으로 수송되는 경향이 있는 것으로 분석되었다.

Morton은 선호도 접근법을 이용한 연구에서 선적 크기가 수송수단 선택에 주요 차별화 요인이 됨을 밝혀내었다. 그의 분석 결과 모든 제품과 모든 수송구간에서 철도와 트럭이 성공적으로 경쟁하고 있음을 보여준 점은 Rakowski의 연구 결과와 다소 비슷하나 선적 크기가 수송수단 간에 주된 차별화가 되는 것으로 발견되었다.[90]

---

89) James P. Rakowski, "Competition Between Railroads and Trucks", *Traffic Quarterly*, Vol.30, 1972, pp.285-301.

90) Alexander Lyall Morton, *op. cit.*, pp.360-361.

Surti와 Ebrahimi는 유사한 분석에서 선적 크기와 거리 및 화주 그룹이 수송수단 선택을 예측할 수 있는 최선의 설명 변수라고 결론 내렸다.[91] 사실 수송수단 선택에서 두 개의 주요 차별 변수는 선적 크기와 거리이며, 교통 분포 분산의 80%에서 97%까지 선적 크기와 거리로 설명 가능하다.

Watson, Hartweg 및 Linton[92]은 로짓 모형을 활용한 세 개의 다른 연구에서 수송수단 선택은 상대적 비용, 상대적 시간, 상대적 신뢰성, 그리고 제품 가치 등을 설명 변수로 하는 모형에 의해 가장 잘 설명된다는 것을 발견하였다. 변수의 상호 작용을 근거로 Watson은 경쟁관계에 있는 수송수단에서 물동량이 전환되기를 바라는 운송인은 서비스의 신뢰성을 높이는 것이 물동량의 전이를 가져오는 최선의 방법이라고 결론 내렸다. 신뢰성을 높이기 위해 부담하는 추가비용의 많은 부분은 화주에게 전가되어질 수 있다. 이 분석의 한계는 이용된 모든 데이터가 한 화주로부터 수집되었다는 것이다. 따라서 도출된 결론이 다른 화주나 제품에는 적용되지 않을 수 있으므로 일반성이 없을 수도 있다.[93]

지금까지 살펴본 바와 같이 선호도 접근법은 선적이 이루어진 후에 수송수단 간 교통량에 대한 분석을 통해 실제 화주의 경쟁 영역의 범위를 규정하고 있다. 특정 제품의 수송에서 하나 이상의 수송수단의 관여는 그 수송을 경쟁적인 것으로 이끈다. 즉, 특정 제품의 수송에 하나 이상의 수송수단이 이용될 경우, 그 제품에 대한 수송에서 수송수단 간 경쟁이 존재하고 있다고 볼 수 있다. 그러나 하나 이상의 수송수단이 이용되더

---

91) Vasant H. Surti and Ali Ebrahimi, "Modal Split of Freight Traffic", *Traffic Quarterly*, Vol.26, 1972, pp.575-588.

92) Peter L. Watson, James C. Hartweg, and William E. Linton, "Factors Influencing Shipping Mode for Intercity Freight: A Disaggregate Approach", *Proceedings-Fifteenth Annual Meeting, American Transportation Research Forum*, 1974, pp.138-144.

93) Wayne H. J. Cunningham, *op. cit.*, pp.69-70.

라도 무시해도 될 정도로 적은 양이 수송될 경우는 수송수단 간 경쟁이 있다고 볼 수 없으므로 이 경우는 제외한다.

선호도 접근법은 경쟁적 수송과 비경쟁적 수송의 설명에 대해서 독단적인 면이 있기 때문에 두 가지 문제점이 있다. 첫째, 비록 두 개의 수송수단이 특정 물품의 수송에 광범위하게 참여하고 있을지라도 특정 세그먼트(segment)에서는 특정 수송수단이 월등한 이점이 있어 그 수송수단으로 고정될 수 있다. 만약 그러한 상황이 존재한다면 통계자료상 두 수송수단이 경쟁관계에 있는 것으로 나타나고 있으나 이용 전환이 쉽지 않을 수도 있다.

둘째, 유사한 문제가 비경쟁적인 것으로 추정되는 수송수단에서도 나타날 수 있다. 특정 제품의 수송에 참여하지 않는 수송수단이 서비스 혹은 운임의 미세한 수정, 기술의 혁신, 또는 마케팅의 변화로 경쟁적인 것으로 만들 수도 있다. Morton은 약간의 변화가 일부 수송수단을 바꾸는 결과를 가져올 수는 있으나 이러한 현상이 발생하는 상황은 매우 드물다고 주장하고 있다.[94]

3) 행동 모형(behavioral model)

의사결정자의 인식이 수송수단 선택에 미치는 영향은 행동 모형을 통해 분석할 수 있다. 이론상 수송수단의 선택에 대한 의사결정은 각 수송수단 선택에 따른 총수송비와 수송 외적 비용을 의사결정자가 산정하고, 이러한 두 비용의 합을 최소화하는 선에서 수송수단의 선택이 이루어지는 것으로 알려져 있다. 그러나 행동 모형은 수송수단의 선택이 기대만큼 합리적이지 않다는 것을 보여주고 있다.

수송수단의 선택은 적어도 다음과 같은 네 가지 이유 때문에 완전한

---

94) Alexander Lyall Morton, *op. cit.*, p.358.

분석에 의해 이루어지지 않는다. 첫째, 관련 비용과 변수 간의 상호 관계성은 의사결정자의 한정된 지식 때문에 알아내기 어렵다. 둘째, 운임과 서비스 질은 외부적뿐만 아니라 내부적으로도 다르다. 셋째, 의사결정자는 경쟁관계에 있는 수송수단의 서비스에 관한 선입견과 편견에 영향받는다. 넷째, 의사결정자의 편견 때문에 화주는 비용과 관련한 각 결정의 총 영향을 적극적으로 분석하지 않는다.

위의 네 가지 조건을 전제로, Craig[95]는 인간의 행동을 반영한 수송수단 선택에서 인식의 영향에 관한 모형을 개발하였다. 그는 의사결정 과정을 정보탐색, 의사결정, 이행평가 등 3단계로 구분하였다.

선적이 이루어질 때마다 의사결정자는 새로운 의사결정 평가표를 만들거나 기존의 평가표를 개선한 평가표를 만든다. 의사결정 평가표에는 선택 가능한 수송수단 및 수송기업과 관련된 평가 요소들이 있으므로 의사결정자는 이를 기준으로 평가대상자에 대한 정보탐색을 하며, 그런 후에 가장 적합한 수송수단을 선택하는 의사결정을 한다. 수송이 완료된 뒤에는 수송이 효율적으로 이행되었는지 여부를 평가한다.

의사결정 과정에 불합리한 요소가 포함되는데 이는 선택된 운송인에 대한 화주의 평가와 정보탐색 단계에서의 평가 간의 상호작용 때문에 그러하다. 결정적인 요인은 수송수단 선택에 대한 의사결정자의 편견이다. 예를 들면, 특정 선적에서 특정 운송인의 서비스 이행에 대해 의사결정자가 만족하지 못하였다면, 향후 유사한 선적이 있을 경우에 의사결정자의 기준에서 그 운송인에 대한 능력은 평가절하 된다. 운송인 변경에 대한 가능성의 유무는 전혀 관계없다. 중요한 것은 화주의 관점에서 그 가능성이 선택되어진다는 점이다. 그러나 수송 서비스가 불만족스러우면 의사결정자는 그의 선택을 재검토한다.

---

95) Thomas Craig, "A Behavioral Model of Modal Selection", *Transportation Journal*, Vol.12, 1973, pp.24-28.

만족스러운 이행이 있는 경우에 의사결정자는 그 수송수단의 능력에 대해 높이 평가하게 되고, 이러한 이미지는 의사결정자에게 각인된다. 따라서 만족한 결과를 가져온 수송수단을 의사결정자가 장래의 수송에서 선택할 가능성이 높다. 계속적으로 만족하게 되면 의사결정과정은 매우 단순해지고, 틀에 박히게 된다. 즉, 다른 개별 상황에서 경쟁관계에 있는 수송수단이 있음에도 불구하고 많은 경우에 같은 수송수단을 선택하게 된다. 이 단계에 이르면 의사결정자는 그의 의사결정 과정에서 참고할 수 있는 정보에 주의하지 않으며, 정보를 왜곡하게 되고, 적극적인 정보 탐색을 하지 않는다.

이와 같이 경쟁관계에 있는 수송수단 및 운송인에 대한 적극적인 정보 탐색은 운송인의 서비스가 불만족스러울 때 발생함을 알 수 있다.

Christenberry는 수송수단의 선택에 있어서 24개의 다른 서비스 특성에 대한 화주 인식도의 중요성을 조사하였다.96) 다중회귀분석에 의한 그의 연구 결과, 화주의 인식도와 수송수단 선택 간에 관련이 있는 것으로 나타났다. 연구에서 나타난 바와 같이 수송수단 특성에 대한 화주의 인식이 수송수단 선택에 영향을 미치기 때문에 수송수단 선택 모형은 분석에서 화주의 편견을 설명 변수로 두어야 한다고 Christenberry는 결론을 내리고 있다.

Dailey와 Lambert는 수송 서비스 및 비용 속성과 관련한 화주의 인식이 특정 운송인의 선호도 형성에 주는 영향에 대해 연구하였다.97) 이들의 연구 결과, 경쟁관계에 있는 운송인에 대한 긍정적 또는 부정적인 태

---

96) William S. Christenberry, "The Relationships of Freight Modal Split to Shipper Perceptions of Transportation Service Characteristics", *Proceedings-Eighteenth Annual Meeting, American Transportation Research Forum*, 1977, pp.515-522.

97) James M. Dailey and Zarrel V. Lambert, "Toward Assessing Trade-offs by Shippers in Carrer Selection Decisions", *Journal of Business Logistics*, Vol.2, 1980, pp.35-54.

도는 화주의 의사 결정 목표, 운송인의 서비스 이행에 대한 화주의 인식, 그리고 각 목표의 상대적 중요도에 따라 다른 것으로 나타났다.

결론적으로 말하면, 행동 모형은 수송수단 선택에서 의사결정자의 인식이 주는 영향을 파악하는 데 크게 공헌하였다. 의사결정자가 수송수단 및 운송인에 대해 갖는 인식이 수송수단 선택에 반영되며, 수송수단 선택에 결정적인 영향을 주는 것으로 나타났다. 또한 의사결정자가 각 수송수단에 대해 갖고 있는 만족도 수준이 차후의 수송수단 선택 결정과 수송수단 선택을 위한 실제의 정보 탐색에 영향을 주는 사실이 여러 연구에서 밝혀졌다.

4) 재고이론 모형(inventory-theoretic model)

Baumol과 Vinod가 1970년에 처음으로 화물수송 수요에 대한 재고이론 모형을 소개하였다. 동 모형에 따르면 수송수단의 선택은 수송수단 속성의 기능으로서 나타나고 있다. 즉, 운송인은 단위당 운임, 평균 트랜짓 타임(transit time), 트랜짓 타임의 변동, 수송 중 단위시간당 운임과 같은 추상적인 속성에 의해 지정되기 때문에 수송수단 운영을 통제하는 경영 실체 또는 수송수단의 이름은 수송수단의 선택에 영향주지 않는다.

당시에 재고이론 모형의 연구 초점은 동 모형이 어떻게 구성되어 있고, 그것을 어떻게 적용할 것인가에 대해 맞추어졌다. Das는 재고와 안전재고 공식에 의한 경제적 주문량 방식을 사용함으로써 Baumol과 Vinod의 기본 접근 방식을 수정하였다.[98]

Langley는 다른 논거로 재고이론 모형을 비판하였다. 그의 주장은 수송수단에 대한 단위당 수송비가 일정하다는 가정은 현실적이지 못하다는 것이다.[99] Langley는 재고 수송 결정에 대한 여러 다른 수송비 구조를

---

98) C. Das, *op. cit.*, pp.181-187.

검토함으로써 이러한 재고이론 모형의 불충분성을 수정하려 하였다.

Roberts는 수요 수준, 수송거리, 제품 특성, 주문량, 재주문점 등과 같은 다섯 개의 변수가 화주의 수송수단 선택에 영향을 준다고 생각하였다.[100] 주문량과 재주문점은 화주가 통제 가능한 변수며, 다른 3가지 변수(수요 수준, 수송거리, 제품 특성)는 고정 변수다. 이와 같은 변수의 수준에 기초하여 총비용이 산정되며, 화주는 이러한 총비용을 최소화하는 수송수단을 선택한다고 주장하였다.

재고이론 모형은 적어도 다음과 같은 네 가지 한계점을 갖고 있다. 첫째, 재고이론 모형은 미시경제 모형이기 때문에 완전하게 이용되기 위해서는 많은 양의 데이터가 필요하나 데이터에 근거하여 만족할 만한 통계적 결과를 이끌어내기 위한 충분한 데이터를 수집하기가 어렵다.

둘째, 재고소진 비용과 같은 일부 비용은 막연하고 계량하기 어려운 요소로 이루어져 있기 때문에 측정하기가 매우 어렵다.

셋째, 문제는 모든 기업들이 수송비와 수송 외적 비용을 동시에 최소화하려 한다는 묵시적인 가정에서 접근하고 있다는 점이다. 어떤 기업은 당해 제품의 이동에서 수송비를 최소화하는 수송수단을 선택하고, 또 다른 기업은 트랜짓 타임(transit time)을 최소화하거나 이윤 최대화 같은 다른 목적을 갖고 있기도 하다. 이러한 경우에는 재고이론 모형을 적용하는 것은 부적절하며, 다른 모형을 이용해야 한다.

넷째, 재고이론 모형은 의사결정과정에서 수송수단 선택에 영향을 주는 행동 요인을 고려하고 있지 않다. 따라서 재고이론 모형에서는 의사

---

99) C. John Langley, "The Inclusion of Transportation Costs in Inventory Models: Some Considerations", *Journal of Business Logistics*, Vol.2, 1980, pp.106-125.

100) Paul O. Roberts, "The Logistics Management Process as a Model of Freight Transport Demand", presented at: *International Symposium on Freight Traffic Models* (Amsterdam, Netherlands, May 1971).

결정자의 인식이 갖는 역할에 대해서는 무시하고 있다.

3. McGinnis에 의한 모형 분류

McGinnis는 지금까지 이루어진 수송수단 선택 모형들을 고전 경제학적 모형(classical economic model), 재고이론 모형(inventory-theoretic model), 트레이드오프 모형(trade-off model), 제한적 최적화 모형(constrained optimization model) 등 네 가지로 구분하였다.[101]

McGinnis는 Cunningham이 수송수단 선택 모형으로 분류한 행동 모형에 대해서는 언급하고 있지 않으나 재고이론 모형 이후 체계화된 트레이드오프(trade-off) 모형과 제한적 최적화 모형을 포함시켰다.

1) 고전 경제학적 모형(classical economic model)

고전 경제학적 모형은 앞에서 Cunningham이 분류한 전통적 접근법(classical approach)과 본질적으로 같으나 McGinnis가 이론을 좀더 체계화시켜 이를 고전 경제학적 모형으로 분류하였다. Cunningham이 분류한 1982년과 McGinnis가 분류한 1989년에는 약 7년간의 시간적 차이가 있다. 고전 경제학적 모형은 Cunningham이 분류한 전통적 접근법과의 차이점이 거의 없으므로 동 모형의 문제점을 지적한 연구들을 중심으로 간단히 설명하면 다음과 같다.

고전 경제학적 모형은 Meyer와 Friedlaender 등을 중심으로 논의되었

---

101) Michael A. McGinnis, "A Comparative Evaluation of Freight Transportation Choice Models", *Transportation Journal*, Vol.29, No.2, 1989, pp.36-46.

는데, 동 모형은 철도와 트럭과 같이 서로 경쟁관계에 있는 수송수단의 고정비와 변동비를 평가하는 방식으로서 단지 운송거리에 따른 비용 측면만을 강조한 것이 특징이다. 즉, 일정거리까지는 어떤 수송수단의 비용이 적게 들지만 그 거리를 넘어서면 다른 수송수단의 비용이 적게 든다는 주장을 담고 있다.

그러나 동 모형의 타당성에 대하여 많은 연구에서 의문이 제기되었다. Alexander Morton[102]은 화주의 정책과 경쟁 변수가 수송수단 선택과정에 영향을 준다는 것을 밝혔고, Roth[103]는 도로와 철도 간의 수송수단 간 경쟁관계 분석을 통해 수송거리보다 선적 중량이 수송수단 선택에 더 영향을 미침을 밝혀냈다. 또한 Boyer[104]와 Levin[105]은 실증적 연구에서 이전의 비용에 입각한 연구들이 철도에 대한 트럭의 서비스 이점을 잘못 평가한 결과 수송 외적 비용 차이를 낮게 평가했다고 주장하였다.

수송수단 선택에 관한 고전 경제학적 모형은 전반적으로 수송 서비스의 구매가 비용에 의해 결정되고 서비스에 차이가 없다는 가정에서 출발하였는데, 앞에서 언급된 후속의 연구들은 이러한 가정들의 모순에 대하여 지적하고 있다.

---

102) Alexander Lyall Morton, *op cit*, 1972, pp.357-366.

103) Ronald D. Roth, "An Approach to Measurement of Modal Advantage", *Transportation Research Board Annual Meeting*, Washington, DC: American Trucking Associations, January 1977.

104) Kenneth D. Boyer, "Minimum Rate Regulation, Modal Split Sensitivities, and the Railroad Problem", *Journal of Political Economy*, Vol.85, No.3, June 1977, pp.493-512.

105) Richard C. Levin, "Allocation in Surface Freight Transportation: Does Rate Regulation Matter?" *The Bell Journal of Economics*, Vol.9, No.1, Spring 1978, pp.18-45.

2) 재고이론 모형(inventory-theoretic model)

McGinnis는 1982년 Cunningham이 재고이론 모형을 분류한 이후에 발표된 새로운 이론들을 덧붙여서 재고이론 모형을 새롭게 정리하였다. McGinnis가 정리한 내용들을 중심으로 재고이론 모형을 설명하면 다음과 같다.

재고이론 모형은 1970년 Baumol과 Vinod가 처음으로 소개한 이래 Marcus와 Roberts에 의해 한 단계 발전하였으며, Sheffi, Eskandari, 그리고 Koutsopoulos 등에 의해 총물류비 차원에까지 발전하였다.

Baumol과 Vinod의 재고이론 모형은 수송에서 재고를 고려해야 한다는 것이다. 동 모형은 운임, 속도, 확실성, 그리고 중도 손실 사이의 트레이드오프(trade-off) 관계를 고려하여 수송수단의 선택을 최적화하는 것이다. 동 모형을 비용함수에 기초한 수식으로 표시하면 다음과 같다.106)

비용 = 직접수송비 + 경상비 + 주문비 + 수화인의 재고유지비 + 안전재고비

동 모형은 수송수단의 선택으로 총매출이 영향을 받지 않으며, 최적 수송수단의 선택은 단순히 가장 낮은 비용 선택을 결정하는 문제라는 가정에서 출발하고 있다. 동 모형은 운임, 수송시간, 확실성, 수송 중 손실 간의 트레이드오프(trade-off) 관계를 명확히 하였으나 다음과 같은 결점을 갖고 있다. 첫째, 수송수단 선택과정에서 재고가 없는 경우의 손실에 관해 어떠한 평가도 하지 않았다는 점과 둘째, 우수한 고객 서비스가 제품에 대한 수요를 창출할 것이라는 효과에 대해 무시한 점이다.

Marcus와 Roberts는 보다 더 최신의 모형을 만들었다. 즉, 최적 수송수단의 선택은 총물류비를 최적화하는 물류전략에 기반을 두어 이루어져

---

106) W. J. Baumol and H. D. Vinod, *op. cit.*, pp.413-421.

야 한다고 주장하였다.[107] 구매비, 주문비, 수송비 등이 총물류비를 구성하는 변수며, 이들은 서로 트레이드오프(trade-off) 관계에 있으므로 물류 관리자는 주문점(R), 주문량(Q), 이용 수송수단(M) 등과 같은 통제 가능 변수를 변화시켜 최적의 총물류비를 얻도록 해야 한다.

Marcus-Roberts 모형은 적어도 3가지 점에서 재고이론 모형을 발전시켰다. 첫째, 수송수단 선택에서 제품 판매가의 영향을 인지한 점이다. 제품 판매가는 선적량과 연계되어 있기 때문에 타 수송수단을 평가할 때 고려되어야 한다. 둘째, 동 모형은 특별비용으로서 재고가 없을 경우의 손실비용을 고려하였다. Baumol과 Vinod의 재고이론 모형에서는 안전재고는 고려하고 있으나 재고가 없을 경우의 손실비용은 고려하고 있지 않다. 셋째, 동 모형은 물류관리자가 통제 가능한 변수를 고려하고 있어 보다 더 명확한 관점에서 수송수단 선택과정을 보여주고 있다.

Sheffi, Eskandari 및 Koutsopoulos 등은 제품당 물류비를 최적화하는 총물류비 모형을 만들어 재고이론 모형을 한층 더 발전시켰다. 동 모형을 수식으로 표시하면 다음과 같다.[108]

총물류비 = 수송비+고정 재고비+수송 중 재고비

동 모형에서 수송수단의 선택은 안전재고 또는 수송시간을 늘림에 따라 변화될 수 있으며, 이는 화주 또는 수화인이 트레이드오프 관계를 고려할 것이라는 가정에 기반하고 있다.

---

107) Paul O. Roberts, *Factors Influencing the Demand for Goods Movement*, Cambridge, Massachusetts: MIT Center for Transportation Studies Report CTS 75-16, September 1975.

108) Yosef Sheffi, Babak Eskandari, and Hris N. Koutsopoulos, "Transportation Mode Choice Based on Total Logistics Costs", *Journal of Business Logistics*, Vol.9, No.2, 1988, pp.137-154.

위에서 살펴본 모형들은 그 유용성에도 불구하고, 수송수단의 선택이 본질상 비용이라는 변수에 달려있다는 가정에 근거하고 있으므로 불안정하다. 이들 모형들은 화주들 간의 행동 차이 또는 시장의 특성에 대한 어떠한 규정도 두고 있지 않다.

3) 트레이드오프 모형(trade-off model)

트레이드오프(trade-off)란 양립되지 않는 상태며, 일치되지 않는 관계를 가리키는 말이다. 즉, 물류비를 절감하려고 하면 고객 서비스는 저하되어 버리고 반대로 고객 서비스를 향상시키려고 하면 물류비는 상승해 버리는 관계를 말한다. 일반적으로 트레이드오프의 영향은 총비용에 미치는 영향과 매출에 미치는 영향 등 두 가지로 평가된다. 예를 들면, 트레이드오프의 결과 총비용이 증가했지만 더 나은 서비스를 제공함에 따라 매출 또한 증가할 수도 있다. 만약 매출과 비용의 차이가 이전보다 크다면, 이 트레이드오프는 비용효과 측면에서 개선되었다고 볼 수 있다.[109]

이와 같은 관계에 바탕을 둔 트레이드오프 모형은 Roberts에 의해 제안되었는데 합리적인 화주는 수송수단을 선택할 때 수송비(transportation cost: TC)와 수송 외적 비용(non-transportation cost: NTC)의 합을 최소화하려 한다고 주장하였다. 따라서 각 수송수단에 대한 수송비와 수송 외적 비용의 합이 같을 때 화주는 두 수송수단 사이에 차별을 두지 않을 것이다.[110] 두 수송수단 간의 이러한 무차별을 수식으로 표시하면 다음과 같다.

---

109) Martin Christopher, *op. cit.*, pp.53-54.

110) Merrill J. Roberts, "Transport Pricing and Distribution Efficiency", *Land Economics*, Vol.46, No.2, 1970, pp.181-190.

$$TC_1 + NTC_1 = TC_2 + NTC_2$$

더 나아가 Roberts는 화주들은 수송수단 선택과정에서 물류비를 최소화하려 하기 때문에 수송 외적 비용은 중요한 고려 대상이며, 화주들의 수송수단 선택을 이해하는 열쇠를 갖고 있다고 주장하였다. 그러나 동 모형은 수송비와 수송 외적 비용과의 단편적인 관계를 밝히는 데 그치고 있으며, 화주의 구매행위나 시장여건 등은 고려하지 않는 점이 단점으로 작용하고 있다.

4) 제한적 최적화 모형(constrained optimization model)

McGinnis, Corsi 및 Roberts 등은 수송수단 선택과정이 수송 외적 비용의 제약에 따른 수송비용을 최적화하는 제한적 최적화 과정이라고 규정하고 있다.[111] 특히, 이들은 대다수의 수송 외적 비용 변수는 정성적이나 일부 수송 외적 비용 변수는 수송비와 다른 측정 기준에서 정량적이라고 주장하였다. 또한 일부 변수들의 비용은 정량화하는 데 많은 방법상의 문제가 있으며, 어떤 수송수단은 수송 외적 비용의 목적과 부합되지 않으면 선택되지 않고, 수송 외적 비용의 제한은 상황적이라고 하였다.

McGinnis, Corsi 및 Roberts 등에 의해 제안된 제한적 최적화 모형을 알기 쉽게 나타내면 다음과 같다. 동 모형은 운임이라는 비용 요인을 최소화하려고 하나 제품, 유통패턴, 서비스 욕구 등과 같은 비용 외적 요인의 제약에 따라 비용 요인의 최소화 정도가 달라진다는 것을 나타내고 있다.

---

111) Michael A. McGinnis, Thomas M. Corsi, and Merill J. Roberts, "A Multiple Criteria Analysis of Modal Choice", *Journal of Business Logistics*, Vol.2, No.2, 1981, pp.48-68.

최소화 요인: *TRj* 운임(transportation rates)

제약 요인: *SPCj* 제품 제약(product constraint)

            SDPj 유통패턴 제약(distribution pattern constraint)

            SSNj 서비스 욕구 제약(service need constraint)

제한적 최적화 모형에서 비용 요인은 운임 등이 될 수 있으나 비용 외적 요인은 위에서 나타난 제품, 유통패턴, 서비스 욕구 이외에 신뢰성, 시간 제약, 시장 특성 등과 같이 화주가 고려하는 요인의 중요도에 따라 달라질 수 있다. 즉, 제약 요인은 화주의 특성이나 화주가 처한 상황에 따라 달라질 수 있으며, 이러한 제약 요인은 수송수단 선택에 영향을 미치고 있다.

4. 수송수단 선택에 대한 기존 연구의 평가

지금까지 살펴본 바와 같이 수송수단 선택에 관한 모형은 시대 및 학자에 따라 약간씩 다르게 분류되어 왔음을 알 수 있다. 그러나 이들 모형들이 수송 경쟁의 본질을 검사하기 위해 이용되는 모든 분석적인 방법이 아니라 이 밖에도 다른 접근 방법이 있을 수 있음을 미리 밝혀두고자 한다.

초기의 수송수단 선택에 대한 연구는 수송수요를 예측하여 사회간접자본의 적절한 투자 배분을 하기 위해 이루어졌다. 특정 수송수단에 대한 수요 발생의 예측 없이 특정 수송 분야에 과대 투자를 하게 되면 사회적인 낭비를 가져오기 때문에 각 수송수단별 수요 예측은 중대한 관심사였다.

이러한 연구는 점차 이용자 입장에서의 수송수단 선택에 대한 연구로 옮겨졌으며, 수송수단별 연구 대상도 초기에는 자동차와 기차에 대한 비교 연구가 주류를 이루었으나 점차 선박, 항공기 등으로 그 비교 대상이 확대되었다.

이용자 입장에서의 수송수단 선택에 관한 연구는 크게 비용 요인에 관한 연구와 비용 외적 요인에 관한 연구로 나눌 수 있다. 위에서 살펴본 모형들도 비용 또는 비용 외적 요인을 분석하기 위해 만들어진 모형들임을 쉽게 알 수 있다.

Liberatore는 기술적 모형에서 수송수단 선택에 제품 속성, 선적 속성, 화주의 속성, 서비스 속성 등과 같은 비용 외적 요인이 영향을 미침을 밝혔고, 규범적 모형에서 화주는 총비용을 최소화하는 수송수단을 선택한다고 하였다.[112]

Cunningham이 분류한 전통적 접근법과 재고이론 모형은 비용 분석에 초점을 맞추고 있으며, 선호도 접근법과 행동 모형은 비용 외적 요인의 분석에 초점을 맞추고 있다.[113] 특히, 행동 모형은 의사결정자의 인식이 수송수단 선택에 영향을 끼친다는 사실을 밝혀낸 데 공헌하였으며, 재고이론 모형은 운임뿐만 아니라 주문비, 재고유지비 등 송화인 및 수화인이 부담하는 모든 비용이 수송수단 선택을 결정하는 실제 비용임을 밝히고 있다.

McGinnis가 분류한 고전경제학적 모형, 재고이론 모형, 트레이드오프 모형은 비용분석에 초점을 맞추고 있으나 제한적 최적화 모형은 비용과 비용 외적 요인과의 상호관계에 대해 분석하고 있다.

---

112) Matthew J. Liberatore, *op. cit.*, pp.92-94.
113) Wayne H. J. Cunningham, *op. cit.*, pp.66-75.

〈표 2-2〉 수송수단 선택에 관한 기존 연구 모형의 분류

분류자	모형명	특 징
Liberatore	기술적 모형	수송수단 선택에 영향을 미치는 요인을 중심으로 한 연구 모형임
	규범적 모형	수송에 따른 비용을 중심으로 한 연구 모형으로 분석적 접근법을 활용함
Cunningham	전통적 접근법	경쟁관계에 있는 수송수단 간 비용 특성을 근거로 한 접근방법
	선호도 접근법	수송수단별 수송실적을 근거로 하여 화주들의 수송수단 선호도 분석
	행동 모형	의사결정자의 인식이 수송수단 선택에 미치는 영향을 분석
	재고이론 모형	제품의 출발지에서 도착지까지 총비용을 기준으로 한 수송수단 선택 모형
McGinnis	고전경제학적 모형	전통적 접근법과 본질적으로 같으나 이론이 좀더 체계화됨
	재고이론 모형	수송수단의 선택이 본질상 비용이라는 변수에 달려 있다고 가정함
	트레이드오프 모형	수송수단을 선택할 때 수송비와 수송 외적 비용 간의 트레이드오프 고려
	제한적 최적화 모형	수송수단 선택이 수송 외적 비용의 제약에 따른 수송비의 제한적 최적화 과정임

McGinnis는 1970년부터 1988년까지 수송수단 및 운송인 선정에 관한 11개 실증 연구를 분석한 결과 수송수단 및 운송인 선택에 영향을 미치는 주요 변수 일곱 개를 도출해 내었다.[114] 이를 구체적으로 살펴보면, ① 운임, ② 신뢰성, ③ 수송시간, ④ 화물의 멸실 및 손상, ⑤ 화주의 시장 상황, ⑥ 운송업체에 대한 고려, ⑦ 제품 특성 등으로 구성되어 있다. 이 중 운임만 비용 요인이고 나머지 6개 요인은 비용 외적 요인으로 구성되어 있다. 운임, 신뢰성, 운송시간은 11개 실증연구에서 모두 중요한

---

114) Michael A. McGinnis, *op. cit.*, pp.39-42.

변수로 나타났으며, 나머지 네 개의 변수는 연구마다 약간씩 평가가 달랐다. 또한 비용 요인과 비용 외적 요인으로 나눌 때 이들 요인들의 상대적 중요성도 연구에 따라 다양하게 나타나고 있다.

또한 McGinnis는 위의 11개 실증연구를 포함한 총 19개 실증연구에 대하여 고전경제학적 모형, 재고이론 모형, 트레이드오프 모형, 제한적 최적화 모형 등 네 개 연구 모형과의 일치 여부를 조사하였다. 조사 결과 13개의 연구가 제한적 최적화 모형과 이론상 일치함을 보였고, 두 개의 연구가 고전경제학적 모형과, 그리고 네 개의 연구는 트레이드오프 모형과 제한적 최적화 모형 양쪽 모두와 이론상 일치함을 보였다. 이와 같은 조사 결과는 수송수단 및 운송인 선택에 관한 기존 연구들이 비용 요인과 비용 외적 요인 간의 상호관계 및 영향을 미치는 요인 분석에 대하여 중점적으로 이루어졌음을 나타내주고 있다.

그러나 향후의 국제수송수단 선택에 관한 연구는 비즈니스 사이클(business cycle)의 변화, 정부정책 및 무역환경의 변화, 기업의 글로벌화, 수송산업의 변화 등에 따라 다양한 형태로 이루어져야 할 것으로 본다.

제3장 국제수송수단 선택에 따른 물류경쟁력 비교

제1절 국제수송수단 선택에 따른 비용구조

1. 국제물류체계와 비용구조

글로벌(global) 경쟁이 심화됨에 따라 각 기업은 구매, 마케팅, 수송 분야에서 서비스를 희생함이 없이 비용 효율을 달성하기 위해 노력하고 있다. 국제분업의 촉진과 기업의 글로벌화에 따라 원자재 및 부품의 해외구입이 증가하고 있으며, 이에 따라 전체 비용 중 수송비가 중요한 부분을 차지하게 되었다. 이와 같이 해외에서의 물품 조달 및 판매가 증가함에 따라 과거 국내조달 및 판매 때보다 물류비가 증가하게 되었으며 글로벌 물류체계 및 최적 네트워크의 구축이 필요하게 되었다.[115]

현존하는 국제물류 시스템의 제 방식에서 화주는 자사에 가장 유리한 수송방식의 선택을 필요로 하며, 이러한 여러 수송방식에서 자사에 유리한 것을 선택하기 위해서는 총물류비를 분석할 필요가 있다.[116]

총물류비를 분석하기 위해서는 우선 선택 가능한 수송수단, 수송방법, 수송경로 등을 파악한 다음, 각 방식에 따른 수송비용과 전체 수송시간을 산정한다. 이러한 사전 조사를 통해 얻은 자료를 바탕으로 제품의 납

---

115) Victor H. Pooler, *op. cit.*, p.187.
116) 三木楯彦, 전게서, pp.75-76.

기를 맞추기에 적합한 수송속도를 결정한 다음 수송방식을 결정한다.

비용을 고려하여 수송방식을 선택할 때 다음과 같은 여러 자료가 필요하다.

① 제품별, 목적지별 수송원가 또는 운임
② 출발지에서 도착지까지 총소요시간
③ 수송 소요시간의 편차
④ 서비스 빈도 또는 편수
⑤ 제품의 FOB 가격
⑥ 포장비, 창고보관료
⑦ 수송 중의 제품가치 감소율(단위시간당)
⑧ 자본이자, 보험료, 관세 등의 부대비
⑨ 납기 지연에 따른 손실 또는 안전재고 및 수송 중 재고비

위의 ②와 ③은 화물 인도 시 시간의 확실성 또는 신뢰성을 의미하는 것으로서 변동성의 증대에 의해 ⑨의 납기 지연에 수반한 손실이 발생하고, 역으로 신뢰성이 높으면 안전재고 및 수송 중의 재고를 감축시킬 수 있다.

이와 같은 자료를 바탕으로 국제수송수단 선택 시 총물류비에 대한 분석이 이루어질 수 있다. 국제물류비는 수출입 화물의 유통단계에 따라 발생하므로 수출입 물류단계를 파악하는 것이 필요하다. 수출입 물류단계는 제품의 제조에서 해외 수화주에 이르는 다양한 경로를 갖고 있으며, 화물의 포장형태 또는 화물의 양태에 따라 각각 상이한 단계를 거치고 있어 일률적으로 설명하기는 어려우나 크게 출발지, 운송구간, 도착지 단계 등으로 구분할 수 있다.

수출입 과정에서의 물류비용은 신용장 접수 이후 제품 생산 또는 구입하여 선적하는 단계에서 발생하는 출발지에서의 물류비용, 출발지 항만(공항)에서 도착지 항만(공항)까지의 운임, 도착지에서 통관, 내륙운송

등을 위해 지불하는 도착지 물류비용 등으로 나눌 수 있다.

2. 해상 및 항공수송의 특성 및 운임체계

1) 항공수송의 특성 및 운임체계

항공수송온 항공기의 발달 및 대형화와 함께 상업적인 수송수단으로서 위치를 갖추게 되었으며, 수송량도 급속히 확대되어 국제무역의 중요한 수송수단으로 역할하고 있다.

항공수송은 지역적, 국제적 시장창출과 확대의 역할을 담당하고 있으며 무역의 확대·발전에 중요한 영향력을 갖고 있다. 또한 항공수송은 단순히 시장 확대의 역할에 그치지 않고 지역 간, 국가 간에 상호 경쟁을 유발하여 시장가격을 국내외적으로 평준화시키고, 전국적 가격과 국제적 가격을 형성하는 데 중요한 기능을 하고 있다.[117]

항공수송화물은 대부분 고가치(high value) 화물로서 중량단위당 가치가 매우 높다. 이에 비하면 석탄, 곡물, 광석 등은 중량단위당 가치가 낮으며 철도나 해상 등의 저속, 저렴한 수송수단에 의해 수송되는 전형적인 화물이다. 오늘날 고가격이라고 간주되고 있는 석유도 중량단위당으로는 저가치기 때문에 선박이나 파이프라인 등의 저속, 저렴한 수송수단에 의해 수송되고 있다. 그러나 의류나 볼펜 등의 소화물은 저가격으로 보이지만 실제로는 중량단위 면에서는 고가치기 때문에 항공수송의 대상이 된다. 이와 같은 저가치, 고가치의 구분은 중량에서 수송요금(transport charge) 결정의 주요한 요인이 되기 때문에 고가치품(중량단위당)은 높은 수송요금을 부담할 능력이 있음을 의미한다.

---

117) 이태원, 「현대항공수송론」, 서울프레스, 1993, p.27.

국제항공수송의 운임체계는 아주 독특하며, 운임의 결정에 국제항공수송협회(International Air Transport Association: IATA)가 큰 역할을 하고 있다. 국제항공운임은 원칙적으로 IATA의 운임조정회의(Tariff Coordinating Conference)에서 결정된 운임을 관계각국이 인가하는 방식으로 설정한다. IATA 운임조정회의는 세계를 제1지역(Area Ⅰ), 제2지역(Area Ⅱ), 제3지역(Area Ⅲ) 등 세 지역으로 구분하여 각 지역 내 및 각 지역 간의 운임에 대해 협의한다. 제1지역은 북미, 남미 및 인근의 도서지역, 제2지역은 유럽, 중동, 아프리카 및 인근의 도서지역, 그리고 제3지역은 아시아, 뉴질랜드, 호주 및 인근의 도서지역 등이 포함된다.[118]

IATA에서 규정하고 있는 국제항공화물운임은 크게 제품의 중량단위당 부과되는 운임(weight charge)과 제품의 가치에 따라 부과되는 종가요금(valuation charge)으로 나눌 수 있으며, 기타 비용으로 위험품 취급 수수료, 운송장 작성 수수료, 착지불 수수료 등이 있다.

중량단위당 부과되는 운임은 크게 일반화물요율(general commodity rates: GCR), 품목분류요율(commodity classification rates, class rate), 특정품목요율(specific commodity rates: SCR) 등 3종류가 있으며,[119] 이 밖에도 단위탑재용기(unit load devices: ULD)에 적용되는 특별 요율(special rates)이 있다.[120] 운임산출을 위한 운임적용중량(chargeable weight)은 당해화물의 실총중량(actual gross weight)과 용적중량(volume weight)을 비교하여 더 큰 중량을 기준으로 운임을 산출한다.

일반화물요율은 품목분류요율과 특정품목요율이 적용되는 화물을 제외하고 모든 종류의 화물 수송에 적용되는 운임으로서 중량단계가 높으면 높을수록 kg당 운임은 낮아진다. 즉, 중량이 45kg 이상인 화물에 대하여

---

118) IATA, *The Air Cargo Tariff, issue 45*, International Airline Publications, Amsterdam, October 1997, pp.3-5.

119) 宇野修, 「國際航空貨物マーケティング」, 白桃書房, 1993, pp.26-27.

120) IATA, *op. cit.*, p.60.

는 더 낮은 요율의 적용이 가능하며 대부분의 지역에서는 그보다도 더 많은 각 중량 단계별 할인요율이 설정되어 있다.

품목분류요율은 특정구간의 특정품목에 대하여 적용되는 운임으로서 보통 일반화물요율의 백분율에 의한 할증 또는 할인으로 표시된다. 품목분류운임이 적용되는 품목은 6가지 종류가 있으며, 그 중 화물로 수송되는 수하물(비동반 수하물) 및 신문, 잡지 등은 기본요율(normal rate)에서 할인된 요율이 적용되고, 귀중화물 및 생동물, 시체와 자동차는 일반화물요율에서 할증된 요율을 적용한다.

특정품목요율은 통상 특정구간, 특정품목에 대하여 일반화물요율보다 낮은 수준으로 설정되어 있으며, 최저 중량을 제한하고 있다. 특정품목요율은 특정구간에 계속적으로 반복하여 운송되는 품목들에 대해 일반품목보다 요율을 낮춤으로써 항공수송 이용을 촉진, 확대하는 데 목적이 있다. 또한 선박으로 수송되는 특정품목에 대해 항공운임을 할인해 줌으로써 항공수요를 개발할 목적으로 설정된 운임이다.[121]

종가요금은 화물에 대한 항공사의 책임 한도액을 확대하기 위해 화주가 화물의 가격에 따라 추가적으로 지불하는 할증료로 Warsaw Convention(1929) 및 Hague Protocol(1955)에 근거하고 있다.

2) 해상수송의 특성 및 운임체계

대량의 화물이나 운송일수에 여유가 있는 화물 또는 상품가격에 대하여 고액의 운임을 부담할 수 없는 화물에는 해상수송이 많이 이용되고 있다.

선박에 의한 해상수송은 크게 정기선 수송과 부정기선 수송으로 나눌 수 있다. 정기선 수송은 정해진 항로를 규칙적으로 운항하나 부정기선

---

121) 대한항공, 「직무향상 화물초급」, 1998, pp.114-143.

수송은 항로나 화주를 한정하지 않고 화물 또는 선복의 수요가 있을 때마다 선박을 운항한다. 정기선에 의한 수송의 특징은 항로, 기항지, 발착일시, 항해일수 등이 미리 정해지고 이것에 따라 계획적으로 선박이 운항되며, 해운동맹(shipping conference) 또는 운임협정(rate agreement)이 정한 요율(tariff rate) 및 운송약관을 적용하고 있는 점이다.

해상운임은 해상운송인이 수송계약에 따라 물건을 수송한 데에 대한 보수로서, 운송인으로서는 수송의 완료와 함께 화주에 대해 운임청구권이 생기게 되고, 또 수송화물의 인도는 운임지급은 조건으로 한다는 것을 상법에서도 정의하고 있다. 운임은 수송에 소요되는 제 경비, 즉 수송 원가를 최저로 하고 또 수송화물의 운임부담력을 최고로 하여 결정되며, 그 사이에서 물동량에 대한 선복의 수급에 따라 변동하는 것이 원칙이다. 그러나 해운업은 경쟁적인 특성이 강하므로 반드시 이 원칙이 항상 지켜지는 것은 아니다.[122]

부정기선의 경우 운임의 결정에 수요공급의 원칙이 철저하게 적용되며 운임수준은 심한 변동과 불안정성을 수반하게 되나 정기선의 운임은 부정기선 운임과는 달리 운임동맹에 의해서 인위적으로 결정되는 경향이 있다.

정기선 운임의 종류를 살펴보면, 태리프(tariff)에 유형별로 명시한 품목에 적용하는 품목별 운임(commodity rate), 화물을 그룹 또는 등급별로 분류하여 적용하는 등급별 운임(class rate), 일반운임 외에 특정 목적을 위해 설정한 특별운임(special rate) 등이 있다. 컨테이너 수송이 발전함에 따라 톤(ton)당 운임에 기초한 운임 산정방법의 번거로움을 줄이기 위해 컨테이너 단위로 운임을 설정하는 박스 요율(box rate)이 사용되게 되었다. 일반적으로 박스 요율에는 화물의 종류와는 상관없이 적용되는 품목 무차별운임(freight all kinds rate: FAK Rate)이 사용되고 있다.

1984년 미 신해운법에서는 개별선사의 자유경쟁범위를 보다 확대하고

---

122) 한진해운, 「해운일반」, 1990, p.379.

해운동맹의 운임제정기능을 약화시킬 목적으로 독자행동권(independent action: IA), 기간별·물량별 운임(time volume rate: TVR), 대화주우대계약(service contract: SC) 등의 규정을 두고 있다.[123]

독자행동권은 동맹 내 각 선사가 10일전의 사전통고로 동맹의 운임률표와는 별도로 화주에게 독자적인 운임률과 서비스를 제공할 수 있다는 행동권을 의미한다. 기간별·물량별 운임은 선사 및 동맹이 정기 해상수송 중 일정기간에 제공되는 화물량에 따라 여러 가지 운임률을 부과할 수 있도록 승인된 운임률을 말하며, 대량 화물을 선적하려는 화주들이 운임을 선박회사로부터 할인받는 데 이용할 수 있도록 마련된 제도이다. 대화주우대계약은 대량 화주에게 대폭적인 할인운임을 부과할 수 있도록 마련된 제도로서 화주 또는 화주단체가 특정의 기간에 대하여 일정량의 화물의 선적을 보증하고 이에 대하여 선사 또는 동맹이 일정한 운임, 선복 등을 보증한다.

3. 각 수송수단별 발생비용

1) 항공수송 시 발생비용

항공수송 시 발생하는 비용구조를 파악하기 위해 항공화물의 수출입 절차를 살펴보면 다음과 같다.

수출화물의 경우 공장에서 생산된 완제품은 트럭에 의한 육상수송으로 화물터미널에 도착하여 장치장으로 반입된다. 장치장 반입 시 공항 조업원은 화물검사를 실시한 후 수출화물 반입계를 발급한다. 보세구역인 보세장치장에 수출화물을 반입하기 위해서는 세관 보세과에 수출화물 반입

---

123) 방희석, 『현대 해상운송론』, 박영사, 1994, pp.119-121.

계를 제출하고 장치지정 및 승인을 받아야 한다. 다음으로 수출신고, 수출심사, 화물검사, 수출허가 등 통관절차를 완료한 화물은 복합운송주선업자가 운송장을 해당 항공사에 접수시킨다. 항공사는 해당 항공편의 항공기 특성을 고려하여 사용 단위탑재용기(unit load device: ULD) 및 적재작업 방법 등의 작업지시를 공항 조업사에게 하달하고 조업사는 작업지시에 의거 적재작업을 실시한다. 적재작업이 완료된 화물이 항공기에 탑재된 다음 출항허가를 득한 후 탑재된 화물의 운송장 및 출항허가, 적하목록, 로드 쉬트(load sheet)를 운항 승무원에게 인계함으로써 항공기의 출발준비는 완료된다.124)

수출화물의 현지 도착 이후 취급절차는 수입화물의 취급절차와 같으므로 수입화물의 취급절차를 살펴보기로 한다. 출발지로부터 항공기 출발 후 해당편 탑재화물관련 전문을 접수하면 화물을 완벽한 상태로 신속히 인도하기 위해 항공기 도착 이전에 조업사에 통보하여 필요한 장비 및 시설을 확보토록 한다. 항공기 도착과 함께 서류가 도착하면 운송장과 적하목록을 대조하여 적절한 작업지시를 내린 다음 운송장상의 목적지 또는 화주의 요청에 따른 창고배정 작업을 한다. 화물이 통관되지 않는 상태에서 김포화물터미널 이외의 지역으로 수송할 경우 보세운송 허가를 받아 보세운송을 실시한다.

화물을 항공으로 수출할 때 지불해야 하는 물류비용은 크게 국내 물류비, 운임 및 보험료, 현지 물류비 등으로 나눌 수 있다. 항공화물운임은 출발지 공항에서 도착지 공항까지의 화물의 수송에만 적용되므로 화물의 집화 및 배달 등에는 별도의 요금이 부과된다. 항공화물운임 이외의 비용에는 집화 및 배달료, 보관료, 보험료, 통관수수료, 포장비, 도착지 공항에서 배송 시 발생하는 육상운송료, 기타 비용 등이 있다.125)

---

124) 한국무역협회, 「수출입운송실무」, 1996, pp.151-153.
125) 北田正武, 「航空貨物マニュアル」, 株式會社 サンデー, 1990, p.114.

<표 3-1> 수출 항공화물의 비용구조

구 분	주요 비용	비 고
국내 물류비	집화료, 수출통관료, AWB발행비, 화물취급작업, 공항창고료, 포장비	Door-to-Door 수송을 기준으로 한 비용구조임
항공운임 및 보험료	항공운임, 적하보험료	
현지 물류비	수입통관료, 보관비, 내륙수송비	

2) 해상수송 시 발생비용

원유, 곡물, 철광석, 가스 등과 같은 벌크 화물을 제외한 대부분의 화물이 컨테이너로 수송되므로 컨테이너 정기선 수송 시 발생하는 비용을 중심으로 해상화물의 전체 물류비를 살펴보기로 한다.

컨테이너 화물은 하나의 컨테이너를 다 채우는 FCL 화물(full container load cargo)과 하나의 컨테이너를 다 채우지 못하는 소량 화물인 LCL 화물(less than container load cargo)로 나뉘는데 이들 화물에 따라 수송절차 및 발생비용이 약간씩 다르다.

수출의 경우 FCL 화물은 내륙지역에서 수출통관된 후 컨테이너에 적입되어 수출 항만까지 내륙 수송되며, LCL 화물은 트럭에 실려 운송인이 지정한 CFS(container freight station)로 수송되어 혼재된다. 이 후 컨테이너 터미널에 반입된 컨테이너는 각각 본선 선적을 위한 일시대기 장소인 마샬링 야드(marshalling yard)에 이송, 장치되었다가 본선 입항 시 선적순서목록(loading sequence list)에 따라 본선에 선적된다.

수입의 경우 컨테이너부두에 하역된 FCL 화물은 ① 터미널에서 보세운송으로 부두직반출 수송, ② 터미널 통관후 부두직반출 수송, ③ 터미널에서 반출하여 OD CY(off dock container yard)에 장치 후 통관, ④ 보세운송 및 타소장치허가를 받아 화주의 자가보세장치장 또는 영업용보세장치장에 장치 후 통관하는 절차 등을 통해 화주에게 인도되고 있다. LCL 화물은 양하지 터미널의 CFS 또는 부두 밖 CY의 CFS에서 인출 및 통관되고 있다.

수출 컨테이너 화물과 수입 컨테이너 화물의 비용구조는 역으로 보면 같으므로 수출 컨테이너 화물의 비용구조를 살펴보면 다음 〈표 3-2〉와 같이 국내 물류비, 해상운임 및 보험료, 현지 물류비 등으로 나눌 수 있다. 국내 물류비는 수출검사비, 내륙수송비, CY 반입비, 수출통관료, 포장비, CFS 비용(LCL 화물만 지불) 등으로 구성되어 있으며, 현지 물류비는 수입통관료, 내륙운송비, 보세창고료 등으로 이루어져 있다.

〈표 3-2〉 수출 해상화물의 비용구조

구 분	주요 비용	비 고
국내 물류비	수출검사비, 내륙운송비, CY반입비 수출통관료, CFS 비용, 포장비	Door-to-Door 수송을 기준으로 한 비용구조임
해상운임 및 보험료	해상운임, 적하보험료, 터미널비용	
현지 물류비	수입통관료, 내륙운송비, 보세창고료	

주) CFS 비용은 LCL 화물만 지불함

정기선 해상운임은 기본운임 이외에 수송 상황에 따른 추가요금이 많은 것이 특징이다. 정기선 해상운임은 기본운임(basic rate), 추가할증료(surcharge), 추가요금(additional charges), 기타 요금 등으로 구성되어 있다. 기본운임은 태리프(tariff)에 표기된 품목별운임을 말하며 중량(weight) 또는 용적(measurement) 단위로 표시하며 실제로 운임 산정 시에는 중량, 용적 중 높은 쪽을 택한다.[126]

추가할증료에는 갑작스런 유가 인상으로 인한 추가요금을 보전하기 위

---

126) 한진해운, 전게서, pp.384-387.

해 부과하는 유류할증료(bunker adjustment factor: BAF), 운임표기 화폐가치의 변화에 의한 손실을 보전하기 위해 부과하는 통화할증료(currency adjustment factor: CAF), 항구에서 선박 폭주로 대기기간이 장기화될 경우 부과하는 혼잡항 할증료(congestion surcharge), 항만파업 등 비상사태의 경우 부과하는 특별운항할증료(special operating service charge) 등이 있다.

추가요금에는 외항추가운임(out port arbitrary), 선택항 추가운임(optional charge), 항구변경료(diversion charge), 환적할증료(transshipment charge), 초과중량 할증료(heavy lift charge), 장척화물료(long length charge), 전쟁위험할증료(war risk premium) 등이 있다.

기타 요금에는 소량(less than container load: LCL) 화물 취급 시 발생하는 비용을 보전하기 위해 부과하는 CFS 운임(container freight station charge: CFS Charge), 화주가 무료기간(free time) 이내에 화물을 CY(container yard)에서 반출해가지 않을 경우 부과하는 체선료(demurrage), 화주가 무료기간 이내에 반출해 간 컨테이너를 지정된 선사의 CY로 반송하지 않을 경우 부과하는 지체료(detention), 그리고 화물의 부두사용료(wharfage) 등이 있다.

일반적으로 기본운임 이외의 운임을 부대요율이라 하는데 컨테이너 정기선해운의 부대요율을 살펴보면 〈표 3-3〉과 같다. 부대요율은 해운동맹별 또는 각 항로별로 차이가 있다.

〈표 3-3〉 주요 항로별 부대요율 현황

(기준: 1998년 10월 현재)

항 로 (동맹협정)	터미널화물조작료 (THC)	CFS Charge	통화할증료 (CAF)	유류할증료 (BAF)
북미수출 (ANERA)	20′: 101,000원 40′: 137,000원 R(40′): 289,000원	10,165원	0%	20′: US$65 40′: US$85 LCL: US$1.5
북미수입 (TWRA)	20′: 101,000원 40′: 137,000원 R(20′): 198,000원 R(40′): 287,000원	10,165원	0%	톤당: 2달러 20′: US$34 40′: US$40 LCL: US$4
유럽 (FEFC)	20′: 100,000원 40′: 136,000원 R(20′): 198,000원 R(40′): 287,000원	9,800원	0%	0%
한일 (한근협)	20′: 80,000원 40′: 113,000원 LCL: 4,500원 R(20′): 85,000원 R(40′): 120,000원	4,500원	0%	10% (벌크화물에 한함)
동남아·한중 (IADA·황해 정기선사협)	20′: 80,000원 40′: 113,000원 LCL: 4,500원 R(20′): 90,000원 R(40′): 128,000원	4,500원	*싱가포르항로 -20′: US$25 -40′: US$40 *대만항로 -20′: US$20 -40′: US$30	0%

자료) 코리아쉬핑가제트, Oct. 5, 1998, p.122.
주) R: Reefer Container

3) 최적 선적 크기와 발생비용

하나의 컨테이너를 임차했을 경우 컨테이너에 화물을 다 채우건 채우지 않건 간에 동일 운임을 지불하게 된다. 일반적으로 화주들은 운임을 최소화하기 위해서 컨테이너를 다 채우려 하는 경향이 있다. 그러나 총비용과 재고비를 최소화하기 위해서는 고가의 제품을 컨테이너에 가득 적재하여 수송하는 것보다 LCL로 수송하는 것이 더 나을 수 있다.

다음 공식을 이용함으로써 최적 선적 크기(optimum shipment size)를 계산할 수 있다. 다음 공식에 적용한 결과 값이 100% 이상이 나올 경우에는 FCL로 선적하는 것이 유리하나 100% 미만이 나올 경우에는 LCL 형태로 선적하거나 항공으로 수송하는 것을 고려해 보아야 한다.[127]

$$\text{최적 적재율(\%)} = \frac{100}{L} \times \sqrt{\frac{2 \times C \times A}{i \times P}}$$

L: 하나의 컨테이너에 적재 가능한 제품 수

C: 운임

A: 연간 수요

i: 연간 재고 유지비(소수로 표기함. 예: 12% = 0.12)

P: 제품의 단가

제2절 국제수송수단 선택에 따른 물류경쟁력 비교분석

1. 물류경쟁력 비교분석을 위한 적용 모형

국제수송수단 선택에 따른 물류경쟁력을 비교 분석하는 방법은 여러 가지가 있을 수 있으나 본 연구에서는 총비용 접근 방법을 사용하기로 한다.

총비용(total cost) 접근은 물류개선에 관해서 요구되는 모든 비용 중에

---

127) Dick Locke, *op. cit.*, pp.133-134.

서 각 비용의 부분적인 절감이 아닌 비용의 총액을 어떻게 절감할 것인가를 목적으로 하여 종합적으로 분석하는 방법을 말한다.[128] 비용(cost)에 대한 트레이드오프(trade-off) 분석이 물류비를 특정적 또는 부분적인 관점에서 보는 방법이라면, 총비용 접근은 전체적인 관점에서 물류비 절감을 꾀하는 방법이라고 할 수 있다.

총물류비 모형은 이론상 재고비와 수송비와의 트레이드오프(trade-off) 관계를 고려한다는 점에서 재고이론 모형과 큰 차이가 없다. 그러나 총물류비 모형은 수송비와 재고비 이외에도 수송수단에 따라 발생하는 보험료, 포장비 등이 달라지므로 이러한 비용에 대한 상관관계까지도 포함하고 있다.

총물류비 모형은 화물의 선적지로부터 도착지까지의 총물류비(total logistics cost)를 계산하는 것에서 시작된다. 총물류비의 주요 결정 요소는 선적 크기이다. 선적 크기는 수송비와 재고유지비용과의 트레이드오프(trade-off)에 근거하여 정해진다. 재고와 선적 규모와의 관계를 이해하기 위해서는 선적된 제품이 목적지에 도착하였을 때 즉시 소비되거나 팔리는 것이 아니라 일정비율로 소비되거나 팔리는 것을 주목해야 한다. 제품이 도착한 뒤부터 소비될 때까지 고정재고(stationary inventory stock)로 남으며, 재고유지비로 계상된다. 재고유지비에는 재고로 묶여 있는 자본금의 기회비용, 재고서비스 및 취급비, 창고비, 기타 리스크 관련 비용 등이 포함된다.[129]

수송비와 재고유지비 사이의 트레이드오프(trade-off)는 고정비와 재고비 사이의 트레이드오프(trade-off)와 비슷하다. 만약 선적 크기가 크면 재고비가 높고, 수송비가 낮은 반면, 선적 크기가 작으면 재고비가 낮으나 수송비는 높다.

---

128) Douglas M. Lambert, James R. Stock, and Lisa M. Ellram, *op. cit.*, p.15.
129) Yosef Sheffi, Badak Eskandari, and Haris N. Koutsopoulos, *op. cit.*, pp.140-143.

따라서 총물류비 모형에 의해 국제수송수단을 선택할 경우 고려해야 할 요소로는 운임, 수송경로상의 재고유지비용, 물류센터에서의 안전재고비용, 수송경로상의 재고유지분에 상당하는 제품생산을 위해 소요되는 투자비용, 보험료, 기타 비용 등이 있다. 그러나 수송경로상의 재고유지분에 상당하는 제품생산을 위해 소요되는 투자비용은 기회비용적인 성격이 강하므로 본 연구에서는 다루지 않기로 한다. 총물류비 모형에 의해 산정해야 하는 비용 요소들을 살펴보면 다음과 같다.

① 운임: 운임은 이용하는 수송수단 유형, 화물의 크기, 수송거리에 따라 달라진다. 또한 운임은 연간 발생하는 화물량에 기초한 운송인과의 계약에 따라 달라지기도 한다.

② 수송 중 재고유지비: 수송 중 재고유지비는 수송수단의 속도와 화물의 크기에 따라 달라지며, 다음과 같은 공식에 의해 산출이 가능하다. 즉, 「IICC = TT × %ICC × UF × FS」를 이용하여 계산하기로 한다. 동 공식에서 IICC는 수송 중 재고유지비(in-transit inventory carrying cost), TT는 수송시간(transit time of the mode), %ICC는 단위당 재고유지비의 비율(unit inventory carrying charge in percent), UF는 제품의 단가(unit value of freight), FS는 화물 크기(freight size in unit number)이다.[130]

③ 안전재고비: 안전재고 유지비는 재고를 보유하는 데 수반되는 비용으로 자본비용, 보관비용, 진부화 비용, 보험료, 세금 등이 포함된다. 재고유지비는 제품가격의 12~35%로 인식되어 왔으며, 기업에 따라 그 수준을 달리하고 있다.[131] 최근에 가장 많이 적용하고 있

---

130) Hockey Min, "International Intermodal Choices via Chance-constrained Goal Programming", *Transportation Research A*, Vol.25A, No.6, 1991, p.352.

131) Douglas M. Lambert and John T. Mentzer, "Inventory Carrying Costs: Current Availability and Uses", *International Journal of Physical*

는 재고유지비는 20%이다.

④ 보험료: 보험료는 화물의 가치, 수송수단의 유형 및 속도에 따라 달라진다. 수송속도가 느리면 더 높은 보험료를 지불해야 한다.

⑤ 기타 비용: 기타 비용에는 통관수수료, 화물취급비, 제반 서류발급 비용 등이 있다.

2. 해상과 항공수송의 물류경쟁력 비교 사례

1) Cook의 적용 사례

본 사례는 미국의 제너럴 모터스(General Motors Corporation: GM)사의 자동차 부품 수송에 대한 총물류비 분석이다.[132] GM은 자동차 부품 수송의 효율화를 꾀하고 비용을 절감하기 위해 자체 물류팀과 항공수송 관련 컨설턴트인 John C. Cook을 비롯한 외부 컨설팅팀으로 연구팀을 구성하여 전체 물류문제를 진단하고 총물류비를 산정하여 최적물류체계를 구축하기로 하였다.

동 분석은 미국 미시간 주에 있는 GM의 물류센터에서 유럽의 물류센터까지 수송하는 화물에 대하여 이루어졌으며, 화물의 수송량은 연간 기준으로 하였다. 다음 〈표 3-4〉는 해상으로 수송되고 있는 화물을 항공수송할 경우의 비용을 비교한 것으로 동 비용의 산출에는 FAST(Factual Air Sea Transport)라는 컴퓨터 프로그램이 활용되었다. 해상운임은 화물의 용적이 운임 산출에 중요한 기준이 되는 반면 항공운임은 화물의 밀도가 기준이 되어 해상운임을 항공운임으로 전환하는 데는 복잡한 계

Distribution and Materials Management, Vol.12, No.3, 1982, p.56.

132) John C. Cook, *International Air Cargo Strategy*, Freight Press, Inc., Philadelphia, 1983, pp.283-365.

산을 거쳐야 하는데 이러한 비용 산출에 FAST 프로그램이 이용되었다.

수송비는 내륙수송비를 포함한 금액으로 해상과 항공수송이 큰 차이를 보이지 않는 것은 해상으로 수송 시 내륙수송비가 많이 발생하기 때문이다. 항공운임은 단위탑재용기(ULD)를 이용할 경우 가장 저렴하므로 항공수송비는 단위탑재용기 사용을 기준으로 한 것이다.

재고수준은 제품의 판매 계획 및 전망에 따라 다르게 유지되므로 이에 대한 정확한 정보가 필요하며, 이를 기준으로 수송수단의 속도 및 신뢰도에 따른 재고수준을 결정하여야 한다.

기업의 자금은 은행과 같은 금융기관으로부터 빌린 것이므로 이에 대한 이자를 고려하지 않을 수 없다. 따라서 금융 이자가 높을 경우에는 재고의 보유 수준을 낮추거나 높은 이익을 창출하는 것이 필요하다. 원자재 도입에서부터 생산 및 판매에 이르는 기간을 최대한 단축하고 낮은 재고 수준을 유지하는 것이 기업의 이익 창출에 중요한 요건이므로 수송수단 선택 시 이러한 요인을 충분히 고려해야 한다. 재고보유비용에서 진부화 비용은 제품의 수명주기 단축에 따라 손실되는 비용을 말한다.

〈표 3-4〉 자동차부품 수송 시 총물류비 비교(미국→유럽)

(단위: US$)

구　분		해상(현행)	항　공	차　이
연간 매출액		20,239,292	20,239,292	0
수송비		1,003,707	1,256,457	-252,750
재고 보유 비용	자본비	674,643	421,651	252,991
	보험료	22,488	14,055	8,433
	창고료	112,440	70,275	42,165
	진부화비용	8,995	5,622	3,373
	기타비용	44,976	28,110	16,866
	소계	863,543	539,714	323,828
총물류비		1,867,250	1,796,172	71,077

자료) John C. Cook, *International Air Cargo Strategy*, Freight Press, Inc., 1983, p.333.
주) 1. 수송비는 Door-to-Door 수송비를 기준으로 함.
　　2. 연간 수송량은 1,252톤임.

위의 〈표 3-4〉에서 보는 바와 같이 미국에서 유럽의 물류센터로 부품의 수송 시 연간 발생하는 총물류비는 항공수송의 경우가 해상수송의 경우보다 약 US$71,077 절감되는 것으로 나타났다.

이와 같은 결과를 근거로 Cook은 해상수송을 주 수송수단으로 활용하고 항공수송은 긴급한 화물이 발생할 경우에 이용한다는 화주들의 일반적 생각은 잘못되었다고 지적하고 전체 물류비를 최소화하는 차원에서 수송수단의 전환을 검토해야 한다고 주장하였다.

2) Miller의 적용 사례

Miller는 1990년대의 각종 경영환경변화에 능동적으로 대처하기 위해서는 글로벌물류전략의 추진이 점차 중요해지고 있다고 지적하고, 이를 위해서는 전 세계에 분포되어 있는 기업의 제조, 유통, 판매거점을 연결하는 재고수송경로(inventory transportation pipelines)관리를 통한 국제통합물류전략 수립이 필요하다고 주장하였다.[133] 특히 글로벌 재고관리를 위해서는 항공과 해상수송 간의 트레이드오프관계를 고려한 수송수단의 선택이 필요하며, 이를 위해 계량적 분석을 통한 국제수송수단의 선택이 이루어져야 함을 강조하고 있다. 계량적 분석을 무시할 경우 수송수단 선정 오류에 따른 낭비적 지출의 위험성이 상존하며, 계량적 분석이 철저하게 이루어지지 못하면 재고유지비용으로 많은 자금이 낭비될 수도 있음을 지적하였다.

항공과 해상수송 가운데 어떤 수송수단을 선택할 것인가를 결정하기 위해서는 ① 운임, ② 수송경로상의 재고유지비용, ③ 물류센터에서의 안전재고 유지비용, ④ 수송경로상의 재고유지분에 상당하는 제품생산을 위해 소요되는 투자비용 등 네 가지 비용항목이 고려되어야 한다. 계량적 분석을 위해서는 제품원가, 수송기간, 운임, 연간 판매량, 수송 중 재고량, 물류센터에서의 안전재고량 등과 같은 기본 자료가 필요하다. 이와 같은 기본 자료를 바탕으로 연간운임, 연간수송 중 재고유지비, 안전재고 유지비 등과 같은 비용을 산정하며, 이 밖에도 수송경로상의 재고유지분에 상당하는 제품생산을 위해 소요되는 투자비용에 대한 투자수익률을 계산할 수 있다.

다음에서 Miller가 제시한 계량적 분석 사례를 살펴보기로 한다. 본 사례는 극동 지역에 소재한 공장에서 제조한 제품을 유럽의 물류센터에 보관하였다가 최종 수요자에게 판매하는 회사에 대한 가상 사례로 항공과 해상수송 가운데 어느 수송수단을 선택하는 것이 유리한지 분석하고 있다.

사례에서 제시된 제품은 품목 A, 품목 B 두 종류로 제품원가는 품목

---

133) Tan Miller, "The International Modal Decision", *Distribution*, October 1991, pp.82-92.

A가 US$210, 품목 B가 US$790이며, 공장에서 물류센터까지의 수송기간은 항공이 7일, 해운이 35일 소요된다. 수송 중 재고량은 제품의 일일 판매량(연간판매량/365)에 제품의 수송 소요일수를 곱하여 산출할 수 있으며, 물류센터에서의 안전재고량은 해상과 항공수송에 관계없이 서비스 수준이 같다는 가정하에 다음과 같이 산정할 수 있다. 항공으로 수송 시 물류센터에서의 안전재고가 2주일 판매분이 필요하다고 가정하면, 안전재고량은 885개(연간판매량/26주)가 된다. 해상으로 수송 시 안전재고량은 다음과 같은 공식을 적용하여 산정할 수 있다. 다음 공식을 적용하여 해상으로 수송 시 안전재고량을 산출하면 1,978개가 된다.

$$\text{해상수송 시 안전재고량} = \sqrt{\frac{\text{해상수송시간}}{\text{항공수송시간}}} \times \text{항공수송 시 안전재고량}$$

<표 3-5> 계량적 분석을 위한 기본 자료

제품	수송수단	제품원가	연간 판매량	수송 기간	수송 중 재고량	안전 재고량	운임 ($/개)
A	항공 해상	US$210	23,000개	7일 35일	441개 2,205개	885개 1,978개	$52 $6
B	항공 해상	US$790	14,300개	7일 35일	274개 1,371개	550개 1,230개	$20 $5

자료) Tan Miller, "The International Modal Decision", *Distribution*, Oct.-Nov. 1991.에 의거 작성함

  연간 수송 중 재고유지비와 연간 안전재고 유지비를 산출하기 위해서는 적정 이자율이 설정되어야 하는데 본 사례에서는 연간 이자율을 20%로 가정하였다. 연간 수송 중 재고유지비는 수송 중 재고원가에 연간 이자율을 곱하여 산정할 수 있으며, 연간 안전재고 유지비는 안전 재고원가에 연간 이자율을 곱하여 산정할 수 있다. 이와 같은 계산 방법에 의

해 총비용을 산정하면 품목 A의 경우 항공이 US$1,251,680, 해운이 US$313,709로 해상으로 수송하는 것이 유리하나 품목 B의 경우 항공이 $416,231, 해운이 US$482,469로 항공으로 수송하는 것이 유리하다.

〈표 3-6〉 항공 대 해운의 연간 비용분석

(단위: US$)

제품	수송수단	연간운임	연간 수송 중 재고유지비	연간안전 재고유지비	합 계
A	항공	1,196,000	18,526	37,154	1,251,680
	해운	138,000	92,630	83,079	313,709
B	항공	286,000	43,331	86,900	416,231
	해운	71,500	216,655	194,314	482,469

자료) Tan Miller, "The International Modal Decision," *Distribution*, Oct.-Nov. 1991. 에 의거 작성함.

3. 물류경쟁력의 실증적 비교

1) 물류경쟁력 분석 방향 및 기본 자료

물류경쟁력 분석을 하기 위해서는 적정 품목과 출발 및 도착 지역을 선정하는 것이 중요하다. 품목의 경우 너무 고가거나 저가인 경우 항공 또는 해상수송 특성을 편향되게 갖기 때문에 계량적 분석에 적합하지 않다. 본 연구에서는 항공과 해상수송 모두를 이용하는 대표적인 화물인 전기·전자류와 섬유류 중에서 대상화물을 조사한 결과 컴퓨터 모니터와 의류가 적합하다는 판단을 내렸다.

본 연구에서 물류경쟁력 분석 대상으로 선정한 컴퓨터 모니터는 17인치로 L전자의 주종 수출품목이며, 의류는 스웨터로서 S회사의 전략적 수출품목이다. 컴퓨터 모니터와 의류 모두 주로 해상수송을 이용하며, 경우에 따라 항공수송을 이용하고 있는 것으로 나타났다. 계량적 분석 대상 품목의 기본 자료는 다음 〈표 3-7〉과 같으며, 이를 근거로 스위스의 취리히로 수출할 경우의 물류비를 산정하기로 한다. 각 제품의 단가는 모니터의 경우 시장가격을 반영하고 있으며, 의류의 경우 연구의 편의상 실제 가격과 약간 차이가 있음을 밝힌다. 수출의 출발지는 서울 구로공단을 기준으로 하고 도착지는 항공의 경우 목적지 공항 인근의 보세창고, 해상의 경우 목적지의 내륙 CY 인근의 보세창고로 한다.

〈표 3-7〉 물류경쟁력 분석 대상 화물의 기본 자료

구 분	컴퓨터 모니터(17인치)	고가 의류
중 량	22kg/box	13kg/box
체 적	0.15CBM/box	0.1CBM/box
단 가	US＄300/box	US＄500/box
박스당 적재수량	1pc/box	24pcs/box
20′컨테이너 적재량	180box/TEU	240box/TEU
40′컨테이너 적재량	370box/FEU	500box/FEU

〈표 3-8〉 조사 대상 물류비용

구 분	항공수송	해상수송
출발지 비용	집화료, 수출통관비, AWB 발행비, 공항창고료 등	수출검사, 내륙운송비, CY반입비, 수출통관비, CFS 비용 등
운 임	항공운임 및 제반 비용 등	해상운임, THC 등
도착지 비용	수입통관비, 보관비, 내륙운송비, 보세장치장 반입비 등	수입통관비, 내륙운송비, 보세장치장 반입비 등

 물류경쟁력 분석을 위한 물류비용은 크게 출발지 비용, 운임, 도착지 비용으로 나눌 수 있다. 복합일관운송의 발달로 Door-to-Door 일관운송이 일반화됨에 따라 운임에 해상구간의 운임과 내륙운송비가 포함되는 경우가 많으므로 운송계약 시 이를 명확히 하여야 한다. 각 비용은 항공과 해상수송이 약간씩 다르므로 실제 발생하는 비용을 기준으로 한다.

2) 물류경쟁력 비교 분석을 위한 실제 비용 자료

 물류경쟁력 비교를 위해서는 출발지 비용, 운임, 도착지 비용 등 총운임을 산출한 다음, 수송 중 재고비와 안전재고비를 산정해야 한다. 운임은 운송회사에 따라 약간씩 다르고 또한 시황에 따라서도 달라져서 그 기준을 잡기가 매우 어려우므로 수송시장에서 통용되는 운임을 기준으로 하였다.

 출발지 비용은 항공의 경우 구로공단에서 김포공항까지의 내륙운송비, 수출통관료 등을 포함하며, 해상의 경우 구로공단에서 부산의 CFS(container freight station)까지 내륙운송비, CFS 비용 등을 포함하고 있다.

 운임은 항공의 경우 항공운임을 의미하며, 해상의 경우 해상구간의 운임과 도착지 인근의 내륙 컨테이너 야드(container yard: CY)까지의 내륙운송비를 포함하고 있다. 도착지 비용은 목적지의 공항 또는 CY에서 인근의 보세창고까지 수송하는 것으로 가정하여 산출하였다.

〈표 3-9〉 항공운임 및 관련 비용(서울→취리히)

제 품	수 량	중 량	부 피	출발지 비용	운 임	도착지 비용
컴퓨터 모니터	10box	220kg	1.5CBM	55,000원	880,000원	110,000원
	50box	1,100kg	7.5CBM	85,000원	3,740,000원	170,000원
	100box	2,200kg	15CBM	120,000원	7,480,000원	240,000원
	180box	3,960kg	27CBM	160,000원	13,068,000원	320,000원
의 류	10box	130kg	1CBM	50,000원	520,000원	100,000원
	50box	650kg	5CBM	70,000원	2,340,000원	140,000원
	100box	1,300kg	10CBM	90,000원	4,420,000원	180,000원
	240box	3,120kg	24CBM	150,000원	10,608,000원	320,000원

출발지 비용의 경우 항공수송보다 해상수송이 더 높으나 주 수송구간의 운임은 해상수송보다 항공수송이 월등히 높아서 항공운임과 해상운임의 차이가 나고 있다. 해상수송의 출발지 비용이 더 높은 이유는 출발지에서 항만까지의 내륙운송비가 공항까지의 내륙운송비보다 더 높기 때문이다.

〈표 3-10〉 해상운임 및 관련 비용(서울→취리히)

제 품	수 량	중 량	부 피	출발지 비용	운 임	도착지 비용
컴퓨터 모니터	10box	220kg	1.5CBM	130,000원	362,000원	110,000원
	50box	1,100kg	7.5CBM	310,000원	1,474,000원	170,000원
	100box	2,200kg	15CBM	430,000원	2,758,000원	240,000원
	180box	3,300kg	27CBM	450,000원	4,500,000원	320,000원
의 류	10box	130kg	1CBM	120,000원	290,000원	100,000원
	50box	650kg	5CBM	210,000원	985,250원	140,000원
	100box	1,300kg	10CBM	350,000원	2,030,000원	180,000원
	240box	3,120kg	24CBM	450,000원	4,500,000원	320,000원

출발지에서 도착지까지의 총 소요기간은 항공수송의 경우 3일이 걸리고, 해상수송의 경우 36일이 걸리는 것으로 나타났다. 총 소요기간은 출발지에서 선적 또는 기적을 위해 대기하는 시간과 도착지에서 반출을 위해 대기하는 시간을 포함하여 산출하였으므로 실제로 소요되는 시간과 차이가 있을 수 있다.

<표 3-11> 출발지에서 도착지까지의 총 소요기간

수송수단	출발지 소요기간	주 운송구간 소요기간	도착지 소요기간	총 소요기간
항 공	1일	1일	1일	3일
해 상	2일	32일	2일	36일

3) 물류경쟁력 비교분석 결과

항공수송과 해상수송의 물류경쟁력은 각 수송수단의 전체 운임, 수송 중 재고유지비용, 안전재고 유지비용을 합한 전체 물류비를 비교하기로 한다. 좀더 정확한 비교를 위해서는 보험료 등을 포함하여 비교해야 되나 전체 물류비에서 차지하는 비중이 작아 제외하기로 한다.

수송 중 재고유지비는 제품의 단가에 이자율 13%와 수송기간을 곱하여 산출되었다. 수송 중 재고유지비는 제품의 단가, 그리고 이자율과 수송기간에 따라 차이가 나므로 이들 중 어느 한 요소가 변할 경우 전체 비용이 달라질 수 있다.

안전재고비는 연간 판매량을 계산하고 이에 근거하여 안전재고 수준을 결정한 다음 산정될 수 있으나 분석의 편의상 수송되는 물량에 수송기간을 곱하여 산출하기로 한다. 안전재고 유지비는 재고로 있는 제품의 가치에 일정 이자율을 곱하여 산정한다. 본 연구에서는 최근 일반적으로 적용되고 있는 20%를 적용하여 안전재고비를 산정하였다.

〈표 3-12〉 항공 및 해상수송에 따른 총물류비 비교(컴퓨터 모니터)

수송수단	수 량	전체 운임	수송 중 재고비	안전재고비	총물류비
항 공	10box	1,045,000원	2,778원	4,274원	1,052,052원
	50box	3,995,000원	13,890원	21,370원	4,030,260원
	100box	7,840,000원	27,781원	42,740원	7,910,521원
	180box	13,548,000원	50,005원	76,932원	13,674,937원
해 상	10box	602,000원	45,838원	70,521원	718,359원
	50box	1,954,000원	229,192원	352,603원	2,535,795원
	100box	3,428,000원	458,384원	705,205원	4,591,589원
	180box	5,270,000원	825,090원	1,269,370원	7,364,460원

〈표 3-13〉 항공 및 해상수송에 따른 총물류비 비교(의류)

수송수단	수 량	전체 운임	수송 중 재고비	안전재고비	총물류비
항 공	10box	670,000원	6,945원	10,685원	687,630원
	50box	2,550,000원	34,726원	53,425원	2,638,151원
	100box	4,690,000원	69,452원	106,849원	4,866,301원
	240box	11,078,000원	166,685원	256,438원	11,501,123원
해 상	10box	510,000원	83,342원	128,219원	721,562원
	50box	1,335,250원	416,712원	641,096원	2,393,058원
	100box	2,560,000원	833,425원	1,282,192원	4,675,616원
	240box	5,270,000원	2,000,219원	3,077,260원	10,347,479원

컴퓨터 모니터와 의류에 대한 총물류비의 분석 결과 의류에 비해 제품의 단가가 낮은 모니터는 항공수송보다 해상수송이 더 유리한 것으로 나타났으나 의류는 이와 다르게 나타났다. 의류의 경우 10박스를 수송할 경우 항공수송이 유리한 것으로 나타났으며, 10박스 이상의 수송에서도 항공수송과 해상수송의 총물류비가 큰 차이를 보이지 않고 있다. 이와 같은 결과도 안전재고 수준이 해상과 항공이 같다는 가정에서 단순히 수송기간에 따른 차이만을 비교하여 계산하였으므로 실제 기업에서 적용할 경우 또 다른 결과가 나타날 수 있다.

해상과 항공수송에 대한 물류경쟁력 비교 결과는 제품가치와 수송기간, 그리고 수송지역에 따라 다르게 나타날 수 있으나 단순 운임만 비교했을 경우와는 큰 차이를 보이고 있다. 물류경쟁력 비교는 기업과 제품의 특성에 따라 필요 없을 수도 있으나 이러한 비교 분석을 통해 합리적인 수송 및 물류계획을 세울 수 있으므로 적극 활용하는 것이 바람직하다.

다음에서 이러한 비교 결과를 토대로 가설을 설정하고 이를 실증분석에서 적극 활용하고자 한다.

제4장 연구 모형의 제시 및 가설의 설정

제1절 연구 모형 및 가설의 설정

1. 연구 모형

국제수송수단 선택에 관한 이론적 고찰과 수송수단 선택에 따른 물류 경쟁력 비교를 통하여 얻은 결과를 바탕으로 연구 모형을 제시하고 이 연구 모형으로부터 가설을 설정하고자 한다.

수출입 기업의 국제수송수단 선택은 제품의 특성, 비용, 수송조건, 화물의 인도, 물류정책 및 시장 상황, 그리고 기업의 풍토 및 조직체계 요인 등에 따라 달라지며, 수송수단 선택의 주도권은 수출입하는 화물에 대한 소유권을 누가 가지느냐에 따라 달라진다.

국제물류 및 수송환경의 변화에 따라 수출입 기업들은 수송수단 선택을 물류전략의 일환으로 활용하며, 고객에 대한 서비스는 높이되 비용은 낮춘다는 다소 이상적인 목표를 갖고 물류효율화를 위해 노력하고 있다. 그러나 이와 같은 목표 달성은 아주 불가능한 것만은 아니며, 국제물류에 대한 확실한 이해와 체계적인 접근을 통해 달성할 수 있다.

실제로 수송 중 재고비와 안전재고비를 포함한 물류비 분석을 할 경우 단순 운임의 비교와는 다른 결과를 보여주고 있으며, 이에 근거하여 수송수단을 선택하고 물류체계를 구축하면 비용은 낮추고 서비스를 높이는 목표를 일부 달성할 수 있다. 이와 같은 결과는 수송수단의 선택을 단순히 전략적인 차원에서 접근해서도 안 되고 반대로 운임과 같은 눈에 보이는 비용만을 가지고 접근해서도 안 된다는 점을 명확히 해 주고 있다.

수출입 업체에 대한 사전 면접조사 결과 우리나라 기업은 국제물류를 전략적으로 활용하고 있지 못하며, 비용에 대한 체계적인 분석도 하고 있지 않은 것으로 나타났다. 이에 반해 선진 외국 기업들은 국제교역 활동에서 국제물류를 가장 중요한 요인 중의 하나로 간주하고 있으며, 국제물류에 관한 자사의 매뉴얼(manual)에 근거하여 국제수송 계약을 체결하고 국제물류를 전략적으로 활용하고 있는 것으로 나타났다.

본 연구에서는 수송수단 선택 요인을 제시하는 데 그치지 않고, 제2장과 제3장에서 검토한 수송수단 선택에 관한 주요 연구 모형과 물류경쟁력 비교를 통해 나타난 결과를 대비하여 바람직한 수송수단 선택 방향을 제시하고자 한다.

전형적인 수송수단 선택 모형은 〈그림 4-1〉과 같이 고객특성, 기업 특성, 제품 특성, 환경특성 등과 같은 경영 요인을 고려한 다음, 수송수단 특성을 검토하고, 서비스 수준과 비용을 고려하여 최적 수송수단을 선택하는 것으로 나타나고 있다.

<그림 4-1> 전형적인 국제수송수단 선택 모형

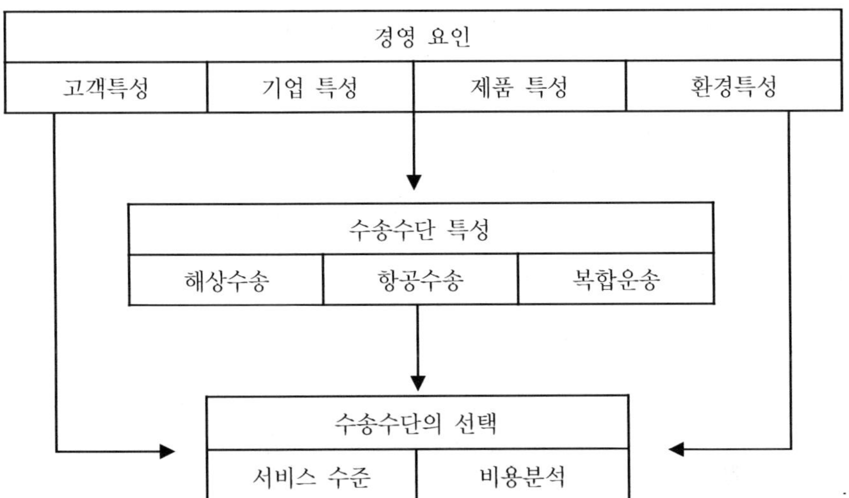

자료) A. G. Slatter, "Choice of the Transport Mode," *International Journal of Physical Distribution & Materials Management,* Vol.12, No.3, 1982, p.76.에 의거 일부 수정

　본 연구에서는 우리나라 수출입 기업의 수송수단 선택 요인 및 수송수단 선택 실태를 파악한 다음 이론적 고찰 및 물류경쟁력 비교를 통해 나타난 결과와 비교하여 수출입 기업들의 수송수단 선택과정이 과연 바람직하고 합리적인지 비교하여 보기로 한다. 이와 같은 연구 방향에 따라 실증 분석을 위한 연구 모형은 다음과 같이 설정하기로 한다.

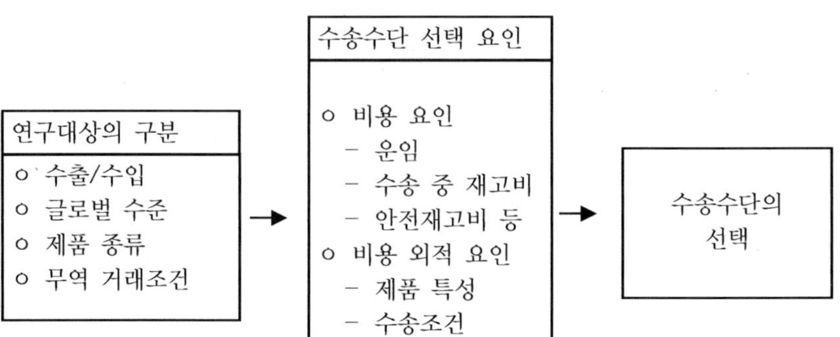

〈그림 4-2〉 국제수송수단 선택에 관한 연구 모형

2. 가설의 설정

본 연구의 가설은 앞에서 제시된 연구 모형 및 수출입 기업에 대한 면접조사의 결과를 바탕으로 설정하였다. 면접조사는 1998년 5월 20일부터 6월 20일까지 약 1개월에 걸쳐 17개 업체를 대상으로 실시하였다. 면접업체는 전자 5개, 섬유 4개, 자동차 및 기계 3개, 화학제품 3개, 기타 2개 업체 등으로 우리나라의 주요 수출입업체와 국내에 진출해 있는 외국의 다국적 기업에서 선정하였다. 앞에서 제시된 연구 모형과 면접조사 결과를 참고하여 연구가설을 다음과 같이 제시하고자 한다.

수출의 경우는 매수인에게 단순히 판매하는 경우가 많고 수입의 경우는 자사가 매수인의 입장에 서서 제품을 구매하는 것이기 때문에 수송수단 선택 시에 고려하는 요인이 달라질 것이다. 단순 수출의 경우 제품을 선적하면 수출자의 의무가 종료되나 수입의 경우 교역 상대국의 수출자가 제품을 선적한 이후부터 책임이 이전되므로 전 수송과정 및 수송과정에서 발생되는 비용을 파악하고 있어야 한다. 따라서 수송수단 선택 시 단순 수출 기업의 경우 운임만 고려해도 되지만 수입 기업은 운임뿐만 아니라 전체 물류비를 고려해야 한다.

> 가설 1. 수출의 경우보다 수입의 경우에 수송수단 선택 시 비용 요인을 중요하게 고려할 것이다.

단순 수출 기업과 글로벌 기업은 국제수송수단을 선택할 때 고려하는 요인이 다른 것으로 나타나고 있다. 일반적으로 단순 수출 기업의 경우 매수인(buyer)의 요청에 의해 수송수난을 선택하고 제품을 신직하기 때문에 전체 물류비를 고려할 필요가 없으나 글로벌 기업의 경우는 자사의 부품 및 제품을 해외에서 조달하거나 판매하는 것이기 때문에 전체 물류비를 충분히 고려한 다음 수송수단을 선정하고 있다. 본 연구의 설문에서는 단순 수출 기업과 글로벌 기업에 대한 구분을 수출입 활동에서 본사와 현지 지사 간의 거래가 차지하는 비율로 하였다. 현지 지사와의 거래관계가 높다는 것은 그만큼 해외에 진출했다는 것으로 볼 수 있으며 이는 그 기업이 글로벌화되었다는 것을 의미한다. 이와 같은 구분은 정확하지는 않으나 어느 정도 단순 수출 기업과 글로벌 기업의 특성을 나타낸다고 가정하고 이를 기준으로 삼기로 하였다.

> 가설 2. 현지 지사와의 거래 비율이 높은 기업은 낮은 기업보다 수송수단을 선택할 때 비용 요인을 중요하게 고려할 것이다.

정형무역거래 조건에 따라 운송인 지정과 운임지급이 달라지므로 수송수단 선택 시 고려하는 요인이 달라지는 것으로 나타나고 있다. 우리나라 화주의 경우 특별한 경우를 제외하고는 E조건(EXW)과 D조건(DAF, DES, DEQ, DDU, DDP)은 잘 이용하지 않고 F조건(FCA, FAS, FOB)과 C조건(CFR, CIF, CPT, CIP)을 주로 이용하고 있다.

정형무역거래조건에서 주운임 미지급 조건군인 F조건(FCA, FAS, FOB)은 매도인이 출발지에서 운송인에게 화물을 인도하면 그 물품인도의 의무를 다한 것으로 보며, 매수인은 물품인도를 위한 운송인을 지정하고 물품의 운송계약 체결과 운임을 지급하여야 한다. 이에 반해 주운임 지급 조건군인 C조건(CFR, CIF, CPT, CIP)은 매도인이 계약에 지정된 목적항까지 운임을 지급한다는 점에서 F조건군과 구별되지만, 기타 추가적인 비용 및 제품의 멸실이나 손상의 모든 위험의 이전은 F조건과 동일하다.[134]

> 가설 3. 정형무역거래 조건에 따라 수송수단 선택 시 고려하는 요인이 달라질 것이다.

해상화물을 상회하는 항공화물의 성장 추세는 시대를 선도하는 혁신상품의 등장에 의해 가능하였다.[135] 혁신제품은 일반적으로 경량의 고부가가치 화물로 특징지을 수 있는데 이와 같은 혁신제품이 항공화물의 수요 증가에 크게 기여하였다.

우리나라의 경우 60년대의 가발에서부터 70년대의 모피류 및 전자제품, 그리고 최근의 반도체에 이르기까지 각 시대마다 대표적인 선도제품이 항공화물의 수요 증진에 크게 기여하였으며, 일본의 경우 시대순으로 보면 진주, 시계, 카메라, 녹음기, 반도체로 이어지는 혁신제품의 등장에 따라 항공화물의 폭발적인 수요 증가가 이루어졌다.

이와 같이 제품의 특성에 따라 국제수송수단 선택이 다른 것으로 조사되었다. 일반적으로 전기·전자 제품은 부가가치가 높고 제품의 무게가 가벼운 속성을 가진 것으로 알려져 있으며, 의류 및 섬유제품은 계절성 제품이 많으며 다른 제품에 비해 유행에 민감한 속성을 가지고 있다. 이

---

134) 한주섭·이용근, 「무역관습론」, 동성사, 1993, pp.97-213.
135) 宮下國生, 전게서, p.112.

에 반해 기계류는 제품의 무게가 무겁고 유행에 민감하지 않으며, 화학
제품은 제품의 무게가 무겁고 대량으로 거래되는 것으로 나타나고 있다.
이와 같이 제품의 속성이 각각 다르기 때문에 국제수송 시에 이용하는
수송수단도 각각 다른 것으로 추정할 수 있다.

> 가설 4. 제품의 종류에 따라 수송수단 선택 시 고려하는 비용 요인,
> 제품의 특성 요인, 수송조건 요인의 중요도가 다를 것이다.

1997년 말 외환위기는 우리나라 경제에 많은 변화를 가져왔다. 국가적
부도사태라는 위기를 맞이하여 각 기업은 위기극복을 위한 각종 지혜를
모으고 있다. 수출입 물류 분야에서도 이는 예외가 아니어서 비용절감과
적기 수송 및 환율급등에 따른 수출환어음의 매도시기 조정 등 여러 방
안이 모색되었다.

국제통화기금(International Monetary Fund: IMF)의 관리체제 이후
수송수단 선택에서 고려하는 요인의 중요도에 있어서도 변화를 가져 온
것으로 보인다. 특히 기업의 물류정책, 대고객 서비스 수준, 제품의 시장
상황, 환율의 변동 등의 변수로 구성된 물류정책 및 시장 상황 요인은
더욱 중요하게 고려될 것으로 추정된다.

> 가설 5. IMF 이전보다 IMF 이후에 수송수단 선택 시 물류정책 및 시
> 장 상황 요인이 더 중요하게 고려될 것이다.

제2절 연구의 대상과 자료수집 방법

1. 모집단 및 표본의 크기

국제수송수단의 이용 주체는 수출입 기업이므로 본 연구의 대상은 우리나라의 수출입 기업이 모두 해당된다. 우리나라의 수출입 기업은 1997년 무역업의 등록이 신고제로 전환되면서 그 수가 급증하여 1998년 9월 현재 한국무역협회에 등록된 업체가 약 7만 개에 달하고 있으나 실제로 수출입 활동을 수행하고 있는 업체는 약 25,700개 업체에 이르고 있다.

한국무역협회에 등록된 무역업체 중에는 실제로 수출입 실적이 미미한 업체도 많으므로 이들 업체 중에서 무작위로 추출하는 것은 대표적인 표본 설정에 문제가 많으며, 수출입 실적이 많은 상위 몇 위 이내의 업체를 선정하는 것도 중소 수출입 업체의 특성을 충분히 반영하지 못하는 단점이 있다.

또한 본 연구의 설문조사는 국제수송에 대한 전문적인 지식과 실제로 해당 업무에 종사하는 사람을 대상으로 해야 하는데 단순히 수출입 기업체의 명단만을 가지고 우편을 통해 발송할 경우 실제 업무담당자에게 전달되지 않을 가능성이 높고, 이는 회수율의 저하로 나타난다는 경험적 판단 아래 수송업체에서 수출입 기업의 국제수송업무 담당자를 추천받기로 하였다.

따라서 본 연구의 설문조사는 국적 3대 원양컨테이너선사의 주요 화주 45사, 국적 항공사의 주요 화주 20사, 그리고 9개 복합운송주선업체의 주요 화주 135사 등 200개 업체를 대상으로 하였다. 복합운송주선업체는 현재 우리나라에 등록되어 있는 약 800개 업체 중 상위 그룹, 중위 그룹,

하위 그룹에서 각각 3개 업체씩 선정하여 화주기업에 대한 추천을 의뢰하였다. 이와 같이 복합운송주선업체를 3그룹으로 나눈 이유는 복합운송주선업체의 규모에 따라 거래하는 화주층이 다르므로 다양한 화주를 연구 표본으로 할 수 있기 때문이다.

국적 원양컨테이너 선사, 항공사 및 복합운송주선업체의 주요 화주를 대상으로 선정한 것은 실제적으로 수송 서비스를 이용하는 이용자로서 확실하게 조사를 수행할 수 있기 때문이다.

2. 질문지의 구성

질문지의 구성은 크게 기업의 일반 사항, 국제수송과 관련한 일반 사항, 국제수송수단 선택 요인, 국제수송수단 선택 시 고려하는 비용 요소, 기타 등 다섯 개 항목으로 나누었다.

일반 사항에서는 수출입 품목, 매출액, 수출입 비중, 제품의 특성, 본사와 해외 현지 지사 간의 거래 비율 등을 배치하였고, 국제수송과 관련한 일반 사항에서는 정형무역거래 조건 및 선정, 수송수단의 선택 주체, 수송수단 간 수송비중 등을 수출과 수입으로 나누어 문항을 만들었다.

국제수송수단의 선택 요인으로는 제품 특성, 목적지, 화물의 인도날짜 등과 같이 수송수단 선택에 관계없이 변하지 않는 절대적 요인, 운임, 수송기간, 수송수단의 속도 등과 같이 수송수단 선택에 따라 달라지는 상대적 요인, 기업의 물류정책, 제품의 시장 상황, 환율의 변동 등과 같이 기업의 물류전략이나 마켓 상황 등에 따라 달라지는 상황적 요인 등 크게 3개 항목으로 나눌 수 있다. 따라서 본 설문에서도 응답자의 편의를 위해 크게 3개 항목으로 구분하였으며, 이를 다시 수출과 수입, 그리고 IMF 이전과 IMF 이후로 나누었다.

국제수송수단 선택 시 고려하는 비용 변수로는 운임, 수송 중 재고비, 현지의 안전재고비, 전체 물류비 등이 있으므로 본 설문에서는 수출입 기업이 어떠한 요소를 중요시 여기는지 파악하고자 하였다.

기타 사항으로는 물류에 대한 관심과 효율화 정도 등을 파악하기 위한 문항과 설문 응답자의 직책에 대한 질의로 본 설문 항목을 마무리하였다.

〈표 4-1〉 질문지의 구성

구 분	문 항	내 용
일반 사항	1-6	수출입 품목, 매출액, 매출액 중 수출입 비중, 수출과 수입 간 비중, 제품의 특성, 본사와 현지 지사 간 거래 비율
국제수송과 관련한 일반 사항	7-10	주로 이용하는 정형무역거래 조건, 정형무역 거래 조건의 선정, 수송수단 선택, 수출입 시 이용하는 수송수단의 비율
국제수송수단 선택 요인	11-13	수송수단 선택 시 고려하는 25개 변수에 대하여 수출과 수입, IMF 이전과 IMF 이후로 구분하여 설문을 구성함
국제수송수단 선택 시 고려하는 비용 요소	14-17	국제수송수단 선택 시 고려하는 비용 요소(수출과 수입으로 구분), 비용에 대한 사후관리 및 평가 여부
기 타	18-19	물류에 대한 관심과 효율화 정도, 응답자의 직책

3. 자료수집 방법

본 연구의 자료수집 방법은 기본적으로 질문지를 통한 조사로서 방문조사와 FAX를 이용하는 조사를 병행하였다. 본 설문의 대상 화주는 모두 선사, 항공사 및 복합운송주선업자로부터 추천을 받았기 때문에 설문의 회수율을 높이기 위하여 이들 업체의 영업직원을 설문조사자로 활용하였다.

이들 업체의 영업담당자가 화주 방문 시 화주에게 설문의 취지를 설명하고, 이에 응한 화주가 설문서를 작성한 뒤 회수하는 방법을 채택하였다. 영업담당자가 직접 방문하지 못한 화주에 대하여는 FAX로 설문서의 발송과 회수를 하였다.

본 연구의 조사는 1998년 7월 15일부터 1997년 8월 20일까지 이루어졌다. 설문은 총 128부가 수거되어 회수율 64%를 기록하였다. 이와 같은 회수율은 우편조사 방법 등에 비하면 매우 높지만 각 업체의 영업직원이 직접 방문 조사한 것을 감안하면 그다지 높은 회수율을 보였다고 볼 수 없다. 이는 설문조사기간이 여름 휴가기간과 겹치고, IMF 이후 기업의 구조조정과 맞물려 화주기업 담당자의 변동이 있었기 때문이다.

설문에 대한 응답은 비교적 성의껏 이루어졌으나 128개 응답 업체 중 불성실한 응답을 한 4개 업체는 연구대상에서 제외하여 124개 업체를 최종 실증분석 대상으로 확정하였다.

제3절 자료분석 기법

표본기업으로부터 회수된 설문지를 분석하기 위하여 윈도우용 SPSS 통계패키지를 이용하였다. 기초분석인 빈도분석으로 응답 업체의 주요 수출입 제품, 매출액 분포, 수송수단별 이용 비율, 본사와 현지 지사 간 거래 비율, 정형무역거래조건의 이용 비율, 설문 응답자의 직책분포 등을 수행하여 응답자의 특성을 파악하였으며, 이와 같은 응답항목 전체의 분포를 기초 자료로서 활용하였다.

그리고 변수들 간의 신뢰성(reliability)을 파악하기 위하여 내적일관성법(internal consistency reliability)으로 알파계수(Cronbach's alpha)를 확인하였으며, 타당성(validity) 평가를 위한 요인분석(factor analysis)을 실시하였다.

위와 같은 기본 분석 결과를 바탕으로 각 가설에 대한 검증을 실시하였다. 가설 1의 비용 요인의 중요도에 대한 수출과 수입의 차이에 대한 검증은 대응표본 T－검정을 이용하였으며, 가설 2의 글로벌화 정도에 따른 비용 요인의 중요도에 대한 검증은 분산분석(one-way ANOVA)을 통하여 실시하였다.

가설 3의 정형무역거래조건에 따른 차이는 판별분석을 이용하였으며, 가설 4의 제품의 종류에 따른 중요도의 차이에 대해서는 분산분석을 이용하였고, 가설 5의 IMF 이전과 이후의 차이를 분석하기 위하여 T－검정을 실시하였다.

〈표 4-2〉 윈도우용 SPSS에 의한 통계분석방법

분석내용 및 절차	통계적 분석방법
1. 이론 변수의 신뢰도 검증	크론바하 알파 값
2. 이론 변수의 타당성 검증	요인분석
3. 가설 1의 검증	대응표본 T－검정
4. 가설 2의 검증	분산분석
5. 가설 3의 검증	판별분석
6. 가설 4의 검증	분산분석
7. 가설 5의 검증	대응표본 T－검정

제5장 실증 분석의 결과 및 가설 검증

제1절 표본의 특징 및 기술통계분석

1. 표본의 특징

본 연구의 실증분석은 최종 응답자로 선정된 124개 수출입업체를 대상으로 하였다. 응답 업체의 주요 수출입 품목은 전기·전자류 18.5%, 섬유류 22.6%, 기계류 21.0 %, 화학제품 18.5%, 기타 19.4%로 구성되어 있다.

이 중 수출입 활동을 동시에 수행하는 업체는 86개, 수출 활동만 수행하는 업체는 30개, 수입 활동만 수행하는 업체는 8개로서 많은 업체들이 수출과 수입 활동을 병행하여 수행하고 있다. 이는 우리나라의 무역구조가 원자재를 수입, 가공하여 수출하는 형태를 갖기 때문인 탓도 있지만 전 세계의 분업구조의 확산에 따라 원자재 및 부품 등의 조달이 전 세계적으로 이루어지기 때문인 것으로 볼 수 있다.

〈표 5-1〉 응답 업체의 주요 수출입 품목

수출입 품목	응답자 수	구성비(%)	누적 비율(%)
전기·전자류	23	18.5	18.5
섬유류	28	22.6	41.1
기계류	26	21.0	62.1
화학제품	23	18.5	80.6
기타	24	19.4	100.0
합　계	124	100.0	

응답 업체의 매출액을 살펴보면 1997년 기준 3억 원부터 24조 원까지 매우 넓게 분포되어 있다. 100억 원 미만 업체가 41개사로 33.1%, 100억 원 이상에서 1천억 원 미만 업체가 28개사로 22.5%, 1천억 원 이상에서 1조 원 미만 업체가 23개사로 18.6%, 1조 원 이상 업체가 32개사로 25.8% 차지하고 있다. 이와 같은 분포는 중소기업에서부터 대기업까지 고르게 망라하고 있어 본 설문의 표본이 분석에 무리가 없음을 보여주고 있다.

<표 5-2> 매출액 분포

구 분	100억 원 미만	100억-1천억 원	1천억-1조 원	1조 원 이상	소 계
전기전자류	9	7	1	6	23
섬유류	12	6	6	4	28
기계류	8	3	4	11	26
화학제품	4	6	6	7	23
기 타	8	6	6	4	24
합 계	41	28	23	32	124
비율(%)	33.1	22.5	18.6	25.8	100.0
누적 비율(%)	33.1	55.6	74.2	100.0	

수송수단별 이용 비율을 살펴보면 수출의 경우 총 116개 응답 업체 중 항공수송만을 이용하는 업체는 4개사, 해상수송만을 이용하는 업체는 24개사이다. 또한 항공수송을 20% 미만 이용하는 업체는 77개사로 전체의 66.4%를 차지하고 있으며, 해상수송을 80% 이상 이용하는 업체는 81개사로 전체의 69.8%를 점유하고 있다.

수입의 경우 총 93개 응답 업체 중 항공수송만을 이용하는 업체는 4개, 해상수송만을 이용하는 업체는 13개로 나타났다. 항공수송을 20% 미만 이용하는 업체는 54개사로 전체의 58.1% 차지하고 있으며, 해상수송을 80% 이상 이용하는 업체는 57개사로 전체의 61.3% 점유하고 있다.

수출과 수입업체 모두 해상수송을 주로 이용하고, 보조적으로 항공수송을 이용하며, Sea & Air 등 기타 수송수단은 드물게 이용하고 있는 것으로 나타났다.

<표 5-3> 수송수단별 이용 비율(수출)

구 분	항 공		해 운		기 타	
	업체 수	비율(%)	업체 수	비율(%)	업체 수	비율(%)
이용안함	24	20.7	4	3.5	98	84.4
1-19%	53	45.7	7	6.0	14	12.1
20-39%	16	13.7	5	4.3	2	1.7
40-59%	7	6.0	4	3.5	1	0.9
60-79%	4	4.5	15	12.9	0	0.0
80-99%	8	6.9	57	49.1	1	0.9
100%이용	4	3.5	24	20.7	0	0.0
계	116	100.0%	116	100.0%	116	100.0%

<표 5-4> 수송수단별 이용 비율(수입)

구 분	항 공		해 운		기 타	
	업체 수	비율(%)	업체 수	비율(%)	업체 수	비율(%)
이용안함	13	14.0	4	4.3	80	86.0
1-19%	41	44.1	9	9.7	11	11.8
20-39%	13	14.0	4	4.3	2	2.2
40-59%	8	8.6	5	5.4	0	0.0
60-79%	1	1.0	14	15.0	0	0.0
80-99%	13	14.0	44	47.3	0	0.0
100% 이용	4	4.3	13	14.0	0	0.0
계	93	100.0	93	100.0	93	100.0

수출입 활동에서 본사와 현지 지사 간 거래가 차지하는 비율은 124개의 설문 응답 업체 중 전혀 없는 경우가 44개사로서 전체의 35.5%를 점유하였으며, 50% 이상인 경우가 25개사로서 20.2%를 구성하고 있다. 이 밖에도 1-9%는 20개사, 16.1%, 10-29%는 21개사, 16.9%, 30-49%는 14개사 11.3%를 구성하고 있다.

수출입 활동에서 기업의 글로벌화 정도에 따라 본사와 현지 지사 간 거래 비중이 다른 것으로 나타나고 있다. 일반적으로 기업의 글로벌화가 크게 진행된 기업은 전 세계에서 물자를 조달하고 제품을 생산·판매하기 때문에 해외의 현지 지사 및 현지 공장과의 거래가 차지하는 비중이 높고 그렇지 못한 기업은 현지 지사 및 현지 공장과의 거래가 차지하는 비중이 낮은 것으로 평가되고 있다.

<표 5-5> 본사와 현지 지사 간 거래 비율

구 분	업체 수	비율(%)	누적 비율(%)
전혀 없음	44	35.5	35.5
1-9%	20	16.1	51.6
10-29%	21	16.9	68.5
30-49%	14	11.3	79.8
50% 이상	25	20.2	100.0
계	124	100.0	

수출입 활동에서 가장 많이 이용하고 있는 무역 거래조건은 수출의 경우 C조건(CFR, CIF, CPT, CIP)이며, 수입의 경우는 F조건(FCA, FAS, FOB)인 것으로 나타났다. 그러나 E조건(EXW)과 D조건(DAF, DES, DEQ, DDU, DDP)은 이용하고 있는 업체가 매우 적어 우리나라 수출입 기업은 무역 거래조건을 자사의 무역 활동에서 충분히 활용하고 있지 못한 것으로 판단된다.

〈표 5-6〉 정형무역거래조건의 이용 비율(수출)

구 분	업체 수	비율(%)	누적 비율(%)
E조건	3	2.6	2.6
F조건	45	38.8	1.4
C조건	67	57.8	99.1
D조건	1	0.9	100.0
계	116	100.0	

수출의 경우 E조건을 이용하는 업체는 3개사로서 2.6%를 점유하고 있고, F조건은 45개사 38.8%, C조건 67개사 57.8%, 그리고 D조건은 1개사로 0.9%를 차지하고 있다. 수입의 경우는 E조건이 3개사 3.2%, F조건이 55개사 59.1%, C조건이 34개사 36.6%, D조건이 1개사 1.1%를 차지하고 있다.

〈표 5-7〉 정형무역거래조건의 이용 비율(수입)

구 분	업체 수	비율(%)	누적 비율(%)
E조건	3	3.2	3.2
F조건	55	59.1	62.4
C조건	34	36.6	98.9
D조건	1	1.1	100.0
계	93	100.0	

설문 응답자의 직책 분포는 과장이 39명으로 31.5%에 달해 가장 많았으며, 다음으로 대리가 33명(26.6%), 차·부장이 20명(16.1%), 사원이 19명(15.3%), 임원이 13명(10.5%) 등의 순으로 나타났다. 이와 같은 응답자의 분포를 볼 때 본 설문의 응답자는 수출입업체에서 수송관련 업무를 담당하는 실무자들이 대종을 이루고 있음을 알 수 있다.

〈표 5-8〉 설문 응답자의 직책 분포

구 분	응답자 수	비율(%)	누적 비율(%)
임원	13	10.5	10.5
부장·차장	20	16.1	26.6
과장	39	31.5	58.1
대리	33	26.6	84.7
사원	19	15.3	100.0
계	124	100.0	

2. 기술통계분석

정보의 손실을 최대로 줄이면서 주어진 데이터를 가장 효과적으로 요약할 수 있는 몇 개의 요약 값을 찾아내는 방법이 기술통계분석이다. 대표적인 기술통계 값은 크게 분포의 중심을 나타내는 중심경향 값, 분포의 퍼짐 정도를 나타내는 산포도, 분포의 모양을 나타내는 분포도 등으로 나누어 볼 수 있다. 중심경향 값으로는 평균, 중위수, 최빈치 등을 많이 사용하며, 산포도는 표준편차, 분산, 범위, 사분위수범위 등이 있으며, 분포도로서 왜도와 첨도가 있다.[136)

다음에서 설문의 특성 파악 및 향후 분석의 기본 자료로 삼고자 설문에 대한 기술통계 값을 살펴보기로 한다. 먼저 설문 응답 업체의 물류에 대한 관심과 효율화정도의 기술통계 값을 살펴본 다음, 국제수송수단 선택 시 고려하는 요인의 중요도에 대한 평균과 표준편차를 구하기로 한다.

설문 응답 업체의 물류에 대한 관심은 평균이 3.60으로 높은 수준을 유지하고 있으나 효율관리지표는 3.02, 조직체계는 2.99, 물류평가는 3.06으로 보통 수준을 유지하고 있다. 이는 물류에 대한 관심에 비해 효율관

---

136) 원태연·이용구, 「마케팅조사 통계분석」, 고려정보산업, 1998, pp.133-134.

리지표, 조직체계, 물류평가 등이 뒤떨어져 있음을 나타내주고 있다. 일부 업체에 대한 면접조사 결과도 비슷하게 나타났는데 대부분의 업체가 물류에 대한 관심은 높으나 물류를 효율적으로 수행하고 평가하는 방법에 있어서는 미숙한 것으로 드러났다.

<표 5-9> 물류에 대한 관심과 효율화 정도

구 분	평 균	중위수	최빈값	표준편차	분 산	범 위
관심도	3.60	4.00	4	0.99	0.97	4
효율관리지표	3.02	3.00	3	0.90	0.80	4
조직체계	2.99	3.00	3	0.94	0.89	4
물류평가	3.06	3.00	3	0.93	0.86	4

국제수송수단 선택 시 고려하는 요인의 중요도에 대해에서는 기술통계 값 중 평균과 표준편차만을 서술하였는데 이는 다른 통계 값들은 크게 중요성을 갖고 있지 않다고 판단되었기 때문이다.

설문에서 국제수송수단 선택 시 고려하는 요인으로 25개 변수를 제시하고 있으며, 이를 수출의 경우와 수입의 경우로 나누고, 또 다시 IMF 이전과 IMF 이후로 나누고 있다. 따라서 각 변수의 기술통계 값도 IMF 이전 수출과 수입, IMF 이후 수출과 수입 등 네 가지로 나누어진다. 각 변수의 코드명은 수송수단 선택 요인과 관련한 항목이 '다'항 이므로 이를 영어의 'c'로 표기하였고, 첫 번째 숫자 1(또는 2, 3)은 11번 문항(12번 문항, 13번 문항)임을 나타내고, 두 번째 숫자 1은 수출, 2는 수입의 경우를 나타내며 3번째 숫자는 각 소문항의 번호를 네 번째 숫자 0은 IMF 이전, 1은 IMF 이후를 나타내고 있다.

각 변수의 평균값은 IMF 이전 수출의 경우 운임이 4.18로 가장 높게 나왔으며, 다음으로 대고객 서비스 수준, 제품의 시장 상황, 화물의 인도 날짜, 기업의 물류정책, 매수인의 요구, 제품의 가치, 수송기간, 선적 크기 및 수량 등의 순으로 나타났다.

IMF 이전 수입의 경우도 운임이 4.35로 가장 높았으며, 다음으로 화물의 인도날짜, 제품의 시장 상황, 대고객 서비스 수준, 제품의 가치, 수송 중 재고비, 기업의 물류정책 등의 순으로 나타났다.

IMF 이전의 수출과 수입을 비교하면, 수출과 수입 모두 운임을 가장 중요하게 여기며, 다음으로 대고객 서비스 수준, 제품의 시장 상황, 제품의 가치, 기업의 물류정책 등을 중요시 여기는 것은 비슷하게 나타나고 있다. 그러나 수출은 매수인의 요구를 중요시 여긴 반면 수입은 수송 중 재고비와 총물류비 등을 중요하게 고려하는 것이 주요 차이점으로 나타나고 있다.

IMF 이후는 IMF 이전에 비해 모든 변수의 평균값이 증가하는 현상을 보이고 있는데, 특히 환율의 변동은 IMF 이후에 크게 중요한 요인으로 부각되고 있다. 이는 IMF 이후 기업의 구조조정과 각 부문의 비용절감 요청에 따라 물류부문의 비용절감에 대한 관심이 높아졌으며, 설문조사가 IMF 이후 환율변동이 심한 시기를 겪은 직후에 이루어져 환율에 대한 반응이 높게 나타난 것으로 해석된다.

〈표 5-10〉 각 변수의 평균 및 표준편차(IMF 이전)

변수명	수출(IMF 이전)			수입(IMF 이전)		
	코드명	평 균	표준편차	코드명	평 균	표준편차
제품의 무게	c1110	3.18	1.22	c1210	3.26	1.14
제품의 가치	c1120	3.66	0.99	c1220	3.85	0.86
라이프 사이클	c1130	3.07	1.08	c1230	3.23	1.04
유행 민감성	c1140	2.85	1.14	c1240	3.04	1.25
손상 민감성	c1150	3.23	1.12	c1250	3.47	1.01
화물의 목적지	c1160	2.93	1.04	c1260	2.73	1.01
인도날짜	c1170	3.95	1.09	c1270	3.99	1.03
수송거리	c1180	2.94	1.00	c1280	2.82	0.97
운임	c2110	4.18	0.72	c2210	4.35	0.67
수송 중 재고비	c2120	2.98	0.88	c2220	3.75	0.80
안전재고비	c2130	2.82	0.88	c2230	3.51	0.77
총물류비	c2140	2.83	0.94	c2240	3.61	0.74
보험료	c2150	1.95	0.83	c2250	2.27	0.89
수송수단의 속도	c2160	3.54	0.98	c2260	3.63	0.98
수송기간	c2170	3.59	0.94	c2270	3.55	0.96
선적 크기	c2180	3.56	0.78	c2280	3.54	0.94
물류정책	c3110	3.75	0.67	c3210	3.68	0.93
고객서비스 수준	c3120	3.99	0.68	c3220	3.86	0.80
제품의 시장 상황	c3130	3.91	0.67	c3230	3.96	0.87
환율의 변동	c3140	3.00	0.96	c3240	2.48	0.73
기존관행	c3150	3.12	0.78	c3250	3.15	0.78
수송업체 권유	c3160	2.91	0.88	c3260	2.91	0.82
담당자의 판단	c3170	3.43	0.85	c3270	3.29	0.80
매수인의 요구	c3180	3.74	0.98	c3280	2.66	0.85
수송구조	c3190	2.97	0.94	c3290	2.98	0.85

<표 5-11> 각 변수의 평균 및 표준편차(IMF 이후)

변수명	수출(IMF 이후)			수입(IMF 이후)		
	코드명	평 균	표준편차	코드명	평 균	표준편차
제품의 무게	c1111	3.33	1.24	c1211	3.43	1.17
제품의 가치	c1121	3.80	1.00	c1221	4.01	0.95
라이프 사이클	c1131	3.19	1.10	c1231	3.30	1.03
유행 민감성	c1141	2.99	1.20	c1241	3.11	1.26
손상 민감성	c1151	3.41	1.18	c1251	3.63	1.01
화물의 목적지	c1161	3.12	1.13	c1261	2.87	1.09
인도날짜	c1171	4.18	1.12	c1271	4.24	1.06
수송거리	c1181	3.12	1.04	c1281	2.98	1.07
운임	c2111	4.67	0.52	c2211	4.68	0.65
수송 중 재고비	c2121	3.34	0.91	c2221	4.22	0.82
안전재고비	c2131	3.12	0.85	c2231	3.89	0.93
총물류비	c2141	3.32	0.98	c2241	4.09	0.94
보험료	c2151	2.19	0.87	c2251	2.68	1.05
수송수단의 속도	c2161	3.81	1.05	c2261	3.86	0.98
수송기간	c2171	3.85	1.03	c2271	3.76	1.09
선적 크기	c2181	3.60	0.99	c2281	3.67	0.96
물류정책	c3111	4.13	0.86	c3211	4.09	0.93
고객서비스 수준	c3121	4.30	0.85	c3221	4.26	0.81
제품의 시장 상황	c3131	4.26	0.90	c3231	4.42	0.83
환율의 변동	c3141	4.45	0.73	c3241	4.42	0.86
기존관행	c3151	3.13	0.90	c3251	3.06	0.91
수송업체 권유	c3161	3.09	1.02	c3261	3.05	0.95
담당자의 판단	c3171	3.77	0.84	c3271	3.75	0.94
매수인의 요구	c3181	4.10	0.92	c3281	3.29	1.18
수송구조	c3191	3.32	1.07	c3291	3.27	1.06

제2절 신뢰성 및 타당성의 평가

1. 신뢰성의 검증

가설검정 및 실증연구를 실시하기 전에 먼저 분석자료 항목의 신뢰성과 타당성을 평가하였다.

신뢰성(reliability)은 동일한 개념에 대해서 반복적으로 측정했을 때 나타나는 측정값들의 분산을 의미한다. 신뢰성에는 측정의 안정성, 일관성, 예측 가능성, 정확성 등의 개념이 포함되어 있다.[137]

신뢰성의 측정방법에는 동일측정도구 2회 측정상관도(test-retest reliability), 동등한 두 가지 측정도구에 의한 측정치의 상관도(alternative -form reliability), 항목분할 측정치의 상관도(split-half reliability), 내적일관도(internal consistency reliability) 등이 있다.

본 연구에서는 신뢰성 측정을 위하여 내적일관도 방법을 이용하였다. 내적일관도는 동일한 개념을 측정하기 위해 여러 개의 항목을 이용하는 경우 신뢰도를 저해하는 항목을 찾아내어 측정도구에서 제외시킴으로써 측정도구의 신뢰도를 높이기 위한 방법으로 알파계수(Cronbach's alpha)를 이용한다. 이러한 방법으로 산출한 알파 값이 낮으면 표본으로 추출된 문항들이 측정하려는 개념을 제대로 반영하고 있지 못하며 값이 높으면 상대적으로 측정하려는 개념을 충분히 설명하고 있음을 나타낸다. 일반적으로 알파계수가 0.6 이상이 되면 비교적 신뢰도가 높다고 보고 있다.[138]

본 연구에서는 수출의 경우와 수입의 경우로 나누어 알파계수를 산출하였다. 수출과 수입으로 구분한 이유는 수출과 수입이 동일 변수를 갖고 있

---

137) 강병서·김계수, 『사회과학 통계분석』, 고려정보산업, 1998, p.242.
138) 채서일, 『마케팅 조사론』, 학현사, 1994, pp.180-183.

지만 연구 목적 및 내용상 서로 다르기 때문이다.

본 연구에서 제품의 특성을 나타내는 변수는 제품의 무게, 제품의 가치, 제품의 수명주기(life cycle), 제품의 유행 민감성, 화물의 손상 민감성 등 다섯 개 문항, 화물의 인도는 화물의 목적지, 화물의 인도날짜, 수송거리 등 세 개 문항, 비용은 운임, 수송 중 재고비, 현지의 안전재고비, 총물류비, 보험료 등 다섯 개 문항으로 구성되어 있다. 또한 수송조건을 나타내는 변수는 수송수단의 속도, 수송기간, 선적 크기 및 수량 등 세 개 문항, 물류정책 및 시장 상황은 기업의 물류정책, 대고객 서비스 수준, 제품의 시장 상황, 환율의 변동 등 네 개 문항, 기업의 풍토 및 조직체계는 기존 관행, 수송업체 영업직원의 권유, 수송담당자의 판단, 매수인 또는 매도인의 요구, 수송구조 및 조직체계 등 다섯 개 문항으로 구성되어 있다.

〈표 5-12〉 측정 요인들의 신뢰성 검증 결과

선택 요인	측정항목 수	Alpha 계수	
		수출의 경우	수입의 경우
제품 특성	5	0.6270	0.6273
화물의 인도	3	0.7747	0.7345
비용	5	0.8429	0.7944
수송조건	3	0.6643	0.7430
물류정책 및 시장 상황	4	0.6723	0.6972
기업의 풍토 및 조직체계	5	0.7015	0.7122

〈표 5-12〉에서 보는 바와 같이 알파계수가 모두 0.6 이상을 상회하고 있어 비교적 양호한 신뢰도를 나타내고 있다. 제품 특성의 알파계수는 수출 0.6270, 수입 0.6273, 화물의 인도는 수출 0.7747, 수입 0.7345, 비용은 수출 0.8429, 수입 0.7944, 수송조건은 수출 0.6643, 수입 0.7430, 물류정책 및 시장 상황은 수출 0.6723, 수입 0.6972, 기업의 풍토 및 조직체계는 수출 0.7015, 수입 0.7122를 기록하고 있으므로 연구를 위한 모든 문

항과 측정의 신뢰도는 높다고 평가할 수 있다.

2. 타당성의 평가

타당성(validity)은 경험적 측정이 연구 중에 있는 개념의 실제의미(real meaning)를 적절하게 반영하고 있는 정도를 나타낸다.[139] 타당성은 그 평가방법에 따라 내용타당성(content validity), 기준에 의한 타당성(criterion-related validity), 개념타당성(construct validity) 등으로 나누어 볼 수 있다.

내용타당성은 측정도구 자체가 측정하고자 하는 속성이나 개념을 측정할 수 있도록 되어 있는가를 평가하는 것이며, 기준에 의한 타당성은 하나의 속성이나 개념의 상태에 대한 측정이 미래 시점에 있어서의 다른 속성이나 개념의 상태변화를 예측할 수 있는 정도를 말한다. 개념타당성은 측정도구가 실제로 무엇을 측정하였는가, 또는 조사자가 측정하고자 하는 추상적인 개념이 실제로 측정도구에 의해서 적절하게 측정되었는가에 관한 문제로서, 이론적 연구를 하는 데 있어서 가장 중요한 타당성이다.[140]

본 연구에서는 개념타당성을 실시하였다. 개념타당성을 검증하는 통계적인 방법은 개별 문항과 척도 간의 상관분석, 요인분석, 회귀분석 및 이론적으로 관련을 갖는 변수들 간의 상관관계를 분석하는 방법이 연구 목적에 따라 이용될 수 있으나 일반적으로 요인분석방법이 이용되고 있다.

요인분석의 기본원리는 항목들 간의 상관관계가 높은 것끼리 묶어 내어 하나의 요인을 형성하게 하고 형성된 요인들은 상호 독립적이 되도록 하는 것이다. 따라서 하나의 요인 내에 묶여진 항목들은 동일한 개념을

---

139) 소영일, 「연구조사방법론」, 박영사, 1996, p.165.
140) 채서일, 전게서, pp.186-188.

측정하는 것으로 간주할 수 있고 요인들 간의 상관관계는 없으므로 각 요인은 서로 상이한 개념이라고 판단할 수 있다. 그러므로 요인 내의 항목들은 집중타당성에 해당되며, 요인 간에는 판별타당성이 적용된다고 볼 수 있다.

본 연구에서도 요인분석을 이용하여 개념타당성을 평가하였다. 국제수송수단 선택에 관한 개념타당성을 측정하는 항목으로 25개 문항에 대하여 아이겐 값이 1.0 이상이 되는 요인의 수를 기준으로 요인분석을 실시하였다.

분석 결과 〈표 5-13〉 및 〈표 5-14〉에서와 같이 각 측정항목들이 의도하였던 개념들에 상호 배타적으로 높은 관련성을 보이고 있어, 개념타당성이 있는 것으로 나타났다.

제3절 요인분석의 결과

1. 요인분석의 적합성

요인분석은 다변량통계기법 중의 하나로서 다수의 변수들 간의 상관관계에 바탕을 두고 행하여지는 분석방법이다. 요인분석은 변수들 간의 상관관계를 이용하여 여러 변수들로 측정된 자료를 보다 이해하기 쉬운 형태로 축소하거나 요약하는 데 주로 이용된다.[141] 따라서 요인분석의 목적은 여러 개의 변수들에 내재된 정보를 최대한 사용하여, 보다 적은 수

---

141) Joseph F. Hair, Jr., Rolph E. Anderson, Ronald L. Tatham, and William C. Black, *Multivariate Data Analysis with Readings 4th ed.*, Prentice-Hall International, Inc., New Jersey, 1995, pp.366-367.

의 요인들로 압축, 요약하는 데 있다.[142]

요인분석을 실시하는 경우에 표본의 수는 적어도 변수 개수의 4~5배가 적당하며, 대체로 50개 이상은 되어야 한다.[143] 본 연구는 25개의 설명 변수에 124개의 표본을 사용하고 있어 요인분석을 수행하는 데 충분한 자료의 수를 확보하고 있다

요인분석을 실시하기 전에 연구자가 가지고 있는 자료가 요인분석에 적합한 것인가를 조사해 보아야 하는데 이것을 검토하는 방법에는 다음과 같은 세 가지 방법이 있다.

첫째, 상관행렬의 상관계수를 살펴본다. 만일 모든 변수 간의 상관계수가 전체적으로 낮으면 요인분석에 부적합하다고 본다. 그러나 일부 변수들 사이에는 비교적 높은 상관관계를 보이고, 다른 변수들 사이에서는 낮은 상관관계를 보인다면, 그 자료는 요인분석에 적합하다고 할 수 있다. 둘째, 모상관행렬이 단위행렬인지를 검정해보아야 한다. 이를 위해서는 바틀렛(Bartlett)검정이 사용된다. 즉, KMO and Bartlett's test of sphericity를 이용하여 "모상관행렬은 단위행렬이다"라는 귀무가설을 검정할 수 있다. 전체 변수에 대한 표본적합도를 나타내주는 KMO(Kaiser-Meyer-Olkin)통계량을 이용하여 이 귀무가설이 기각되어야 변수들의 상관관계가 통계적으로 볼 수 있어 요인분석을 적용할 수 있다. 셋째, 최초 요인 추출단계에서 얻은 고유치를 스크리차트(scree chart)에 표시하였을 때, 지수함수분포와 같은 매끄러운 곡선이 나타나면 요인분석에 적합하지 않고, 반대로 한 군데 이상에서 크게 꺾이는 곳이 있어야 요인분석에 적합하다고 볼 수 있다.[144]

요인분석의 적합성을 검증하기 위하여 위와 같은 방법에 의해 분석한 결과 모든 요건을 충족하고 있어 요인분석에 적합한 것으로 나타났다. 상관계수의 경우 일부 변수들 사이에는 0.4 이상의 비교적 높은 상관관

---

142) 원태연·정성원, 「통계조사분석」, 고려정보산업, 1998, p.363.
143) 강병서·김계수, 전게서, p.255.
144) 상게서, p.255.

계를 보인 반면 다른 변수들 사이에서는 낮은 상관관계를 보이고 있어 요인분석에 적합하다고 할 수 있다. 25개 변수에 대해 바틀렛 검정을 실시한 결과 그 값이 수출 1252.4973, 수입 949.55337로 높을 뿐 아니라 유의수준 확률도 수출과 수입 모두 0.00000 이하로 나타나 이들 변수들에 대한 단위행렬 검정 결과는 가설을 기각, 단위행렬이 아니라는 충분한 증거를 보여주고 있다. 또한 최초 요인 추출단계에서 얻은 고유치를 스크리차트(scree chart)에 표시하였을 때 한 군데 이상에서 크게 꺾이는 곳이 있으므로 요인분석에 적합한 것으로 나타났다.

2. 요인의 추출 및 회전

요인추출(factor extraction)의 목적은 상관행렬표에 들어 있는 변인들의 선형조합(linear combination)으로서 형성되어 있는 요인들의 집합을 발견하려는 것이다.[145] 요인추출방법(factor extraction method)에는 여러 가지가 있는데 실무적으로 가장 많이 이용되는 방법으로 주성분분석(principal component analysis) 방식이 있다. 주성분분석 방식은 정보의 손실을 최소화하면서 적은 수의 요인을 구하고자 할 때에 주로 이용되는 방식으로 본 연구에서도 이 방식을 이용하였다.

요인의 수를 결정하는 방법에는 연구자가 임의로 요인의 수를 미리 정하지 않을 경우 최소고유 값(minimum eigenvalue) 기준, 분산의 비율(percentage of variance), 스크리검정(scree test)을 통해 결정할 수 있다.[146]

본 연구에서는 최소고유 값(eigenvalue) 기준을 채택하였는데, 고유 값 1.0 이상인 요인은 수출의 경우 일곱 개가 추출되었으며, 수입의 경우는

---

145) 소영일, 전게서, p.610.
146) 원태연·정성원, 전게서, pp.372-374.

8개가 추출되었으나 수출의 경우와 요인 수를 맞추기 위하여 일곱 개로 지정하여 다시 추출하였다.

한편, 최초 요인들은 해석하기가 매우 힘든 경우가 많으므로 보다 해석하기 쉽도록 하기 위하여 변수들의 요인 부하량이 어느 한 요인에 높게 나타나도록 요인축을 회전(rotation)시키는 방법을 이용하고 있다.[147] 요인의 회전을 하는 목적은 변수들을 설명하는 축이라 할 수 있는 요인들을 회전시킴으로써 요인의 해석을 돕는 것이다. 회전을 하는 방법들은 직각회전(orthogonal rotation)과 비직각회전(oblique rotation)의 방법으로 대별된다. 직각회전은 회전 시 요인들 간의 상호 독립성을 유지하게 하며 요인을 회전하는 방법이고, 비직각회전은 요인들 간의 독립성을 유지하지 않고 요인을 회전하는 방법이다. 일반적으로 변수들과 요인들의 관계를 파악하지 않은 채 직각회전을 많이 이용하고 있다. 직각회전방법에는 여러 가지 방법이 있는데 베리멕스(Varimax) 방법이 가장 많이 사용되고 있다.

베리멕스 방법은 요인분석의 목적이 각 변수들의 분산구조보다 각 요인의 특성을 알고자 할 때 더 유용하고, 가장 많이 이용되고 있으므로 본 연구에서도 베리멕스 방식을 이용하였다.

---

147) 강병서 · 김계수, 전게서, pp.257-258.

134

〈표 5-13〉 요인분석의 결과(수출)

설문항목	요인 1	요인 2	요인 3	요인 4	요인 5	요인 6	요인 7
c1110	.22929	-.24469	.16289	-.04691	.22096	.07508	.61159
c1120	.14343	.50600	-.01015	.16664	.05683	-.06968	.43058
c1130	.18472	.79125	-.16626	.19156	.14332	-.03576	-.03335
c1140	.09519	.85468	-.05732	.03402	.05307	.05063	-.10914
c1150	.08519	.68337	.28136	.10009	.19706	-.12314	.02590
c1160	.14407	-.08710	.87763	.01223	.12810	.10250	.04901
c1170	.01285	.20262	.63945	.34614	.02929	-.04903	.16560
c1180	.22078	-.05729	.82971	-.01730	.06447	.22271	.07310
c2110	.35807	.02658	.09802	.07903	.18314	.11764	.67820
c2120	.77138	.11472	.14604	.02074	.04800	.02066	.29843
c2130	.84804	.20872	.04863	.03093	.05601	.06711	.20764
c2140	.78519	.29008	.17061	-.05272	.02797	-.01041	.08613
c2150	.72185	-.01067	.05663	.07104	.09419	-.00810	.05205
c2160	-.02370	.37207	-.05252	.70371	.14534	.07383	.09500
c2170	.07802	.02368	.36165	.73631	.19387	-.04488	-.01318
c2180	.10084	.10842	.10837	.53293	-.03272	.03644	.46977
c3110	.18038	.19535	.08518	-.06330	.75793	.09634	.15409
c3120	.07870	.07769	-.06039	.30330	.76646	.05534	.22192
c3130	.11194	.21258	.08900	.02453	.66332	.15669	.10447
c3140	.14684	-.11030	.34670	.05633	.56418	-.04079	-.34106
c3150	.20185	-.10445	.17533	.46371	-.06193	.56518	-.17957
c3160	-.03910	.04364	.02780	-.00401	.14149	.88730	.07853
c3170	.08165	-.15236	.20829	.28712	.19016	.69737	.18728
c3180	.01675	.08911	-.05162	.59664	-.01463	.27704	-.00288
c3190	.54286	-.23392	.00235	.33541	.28716	.25013	-.24745
아이겐 값	5.66249	2.81877	2.40555	1.69565	1.63690	1.38768	1.08830
분산 비율	22.6%	11.3%	9.6%	6.8%	6.5%	5.6%	4.4%
누적 비율	22.6%	33.9%	43.5%	50.3%	56.9%	62.4%	66.8%

주) 1. KMO 적합도 = 0.72276

   2. Bartlett Test of Sphericity = 1252.4973

   3. Significance = 0.00000

〈표 5-14〉 요인분석의 결과(수입)

설문항목	요인 1	요인 2	요인 3	요인 4	요인 5	요인 6	요인 7
c1210	.33471	.45259	.08315	-.36806	-.13750	.37771	.08443
c1220	.15429	.10578	.56436	.06878	.07470	.38223	-.03019
c1230	.05349	.03216	.78463	.16366	-.07052	-.09131	.27965
c1240	.04449	-.09848	.83528	.08125	.07062	-.00577	.14458
c1250	.09677	.27239	.64245	.26674	.16793	-.00302	-.25797
c1260	.02062	.78753	-.04390	.01763	.28610	-.10411	-.09255
c1270	.08283	.61135	.20818	.10233	-.17741	.03415	.16291
c1280	.02718	.88718	-.03934	.05019	.08486	.04309	.01772
c2210	.59577	.30657	.01620	.01680	-.23020	-.08994	.17536
c2220	.85730	-.00178	.04412	.08577	-.04228	.00879	.13581
c2230	.82483	.00405	.01768	.00815	.13191	.15084	.05465
c2240	.76182	.10220	.05897	.23309	.01545	.10602	.13720
c2250	.48346	-.06628	.08180	.08516	.34805	.13153	.20923
c2260	.23046	-.19539	.20053	.76931	-.00281	.18799	.04210
c2270	.01937	.19101	.15925	.77686	.24498	-.03544	.14592
c2280	.23378	.12830	.19559	.59889	-.07640	.28851	.02077
c3210	.15636	-.09369	.07558	.10564	-.17858	.35731	.66825
c3220	.35265	.08970	.07800	.25204	.03409	.29015	.61682
c3230	.19732	.11200	.08769	.01342	.25537	-.16687	.72581
c3240	.14349	.48610	.12539	-.13901	.21935	.12603	.50355
c3250	.05794	-.05240	.01792	.26248	.20689	.64264	.01918
c3260	.10995	.00881	-.01905	.01068	.12011	.69954	.18011
c3270	.43670	.12200	.08107	.09450	.37036	.56016	.00679
c3280	-.04661	.13416	.12881	-.03597	.80471	.19255	.14393
c3290	.07172	.04652	-.00023	.16870	.80328	.16251	-.01239
아이겐 값	5.65344	2.46510	2.35302	2.00317	1.47203	1.22260	1.15577
분산 비율	22.6%	9.9%	9.4%	8.0%	5.9%	4.9%	4.6%
누적 비율	22.6%	32.5%	41.9%	49.9%	55.8%	60.7%	65.3%

주) 1. KMO 적합도 ＝ 0.68819
　　 2. Bartlett Test of Sphericity ＝ 949.55337
　　 3. Significance ＝ 0.00000

3. 요인의 해석

수출과 수입으로 나누어 국제수송수단 선택 요인에 대해 추출한 결과를 종합, 정리하면 다음과 같다. 수출과 수입의 국제수송수단 선택 요인이 약간 다르게 나타났는데 이는 수송수단 선택 시 고려하는 요인의 중요도가 각각 다르기 때문이다.

1) 수 출

〈표 5-13〉에서 보는 바와 같이 요인 1은 c2120, c2130, c2140, c2150, c3190에 높은 적재량을 나타내고 있으며, 요인 2는 c1120, c1130, c1140, c1150, 요인 3은 c1160, c1170, c1180, 요인 4는 c2160, c2170, c2180, c3190, 요인 5는 c3110, c3120, c3130, c3140, 요인 6은 c3150, c3160, c3170, 그리고 요인 7은 c1110, c2110에 높은 적재량을 나타내고 있다.

요인의 적재량에 따른 구분에 근거하여 전반적인 요인명을 대표하는 추정명을 다음과 같이 해석할 수 있다.

요인 1은 '물류비'와 관련된 요인으로 이와 관련된 변수는 수송 중 재고비(c2120), 현지의 안전재고비(c2130), 총물류비(c2140), 보험료(c2150) 등으로 구성되어 있다. 하나의 특기할 만한 사항은 운임(c2110)이 물류비 요인에 포함되지 않는다는 점이다. 이는 수출화물의 경우 운임과 물류비 요인이 비용 요인으로 묶이지 않고 별도로 간주된다고 추정할 수 있다. 즉, 수출화물의 경우 운임을 고려하는 화주와 물류비를 고려하는 화주가 별개로 존재한다고 볼 수 있다.

요인 2는 '제품의 특성' 요인으로 제품의 가치(c1120), 제품의 라이프 사이클(c1130), 제품의 유행 민감성(c1140), 화물의 손상 민감성(c1150)

등으로 구성되어 있다. 제품의 특성 요인 중 제품의 무게($c1110$)는 여기에 포함되지 않고 운임($c2110$)과 별도의 요인을 구성한 점이 특이하다.

요인 3은 '화물의 인도' 요인으로 화물의 목적지($c1160$), 화물의 인도날짜($c1170$), 수송거리($c1180$) 등으로 구성되어 있다. 수출화물의 경우 신용장에 화물의 목적지와 인도날짜가 지정되고, 수송거리는 화물의 목적지에 따라 달라지므로 이들 변수가 하나의 요인으로 묶인 것은 당연하다고 볼 수 있다.

요인 4는 '수송조건' 요인으로 수송수단의 속도($c2160$), 수송기간($c2170$), 선적 크기 및 수량($c2180$), 매수인(buyer)의 요구($c3180$) 등으로 구성되어 있다. 수출화물의 경우 매수인의 요구에 따라 선적 조건 및 수송수단이 선택되는 경우가 많다. 따라서 수송기간, 선적 크기 및 수량, 그리고 수송수단의 속도는 매수인의 요구에 따라 결정된다.

요인 5는 기업의 물류정책($c3110$), 대고객 서비스 수준($c3120$), 제품의 시장 상황($c3130$), 환율의 변동($c3140$) 등으로 구성되어 있다. 주목할 점은 기업의 물류정책과 관련된 변수와 시장 상황과 관련된 변수가 하나의 요인으로 묶였다는 사실이다. 기업의 물류정책에 따라 시장 상황에 대처하는 방식이 달라질 수 있으므로 이들 요인이 같은 요인으로 묶인 것은 당연하다 할 수 있다. 따라서 요인 5를 '물류정책 및 시장상황'으로 명명하기로 한다.

요인 6은 기존관행($c3150$), 수송업체 영업직원의 권유($c3160$), 운송담당자의 판단($c3170$) 등으로 구성되어 있다. 수출업체의 경우 수송수단의 선택 시 기존의 관행을 따르는 경우와 운송업체 영업직원의 권유를 따르는 경우, 그리고 운송담당자의 판단에 의존하는 경우 등으로 나눌 수 있다. 어떠한 것을 중요시 여기는가는 각 기업의 풍토에 따라 달라질 수 있으므로 요인 6을 '기업의 풍토' 요인으로 명명하기로 한다.

요인 7은 제품의 무게($c1110$)와 운임($c2110$)으로 구성되어 있다. 제품의 무게와 운임은 상호 밀접한 관계를 가지고 있어 일반적으로 제품의 무게가 무거운 제품은 운임이 비싸고 제품의 무게가 가벼운 제품은 운임이 저렴하다. 수출화물의 경우 제품의 무게와 운임이 동일 요인으로 묶인 것은 이러한 특성을 갖고 있기 때문인 것으로 볼 수 있다. 따라서 요인 7을 '제품의 무게와 운임' 요인으로 명명한다.

2) 수 입

수입의 경우도 수출의 경우와 거의 비슷하게 국제수송수단 선택 요인이 구성되어 있으나 일부는 차이를 보이고 있다.

요인 1은 '비용' 요인으로 이와 관련된 변수는 운임($c2210$), 수송 중 재고비($c2220$), 현지의 안전재고비($c2230$), 총물류비($c2240$), 보험료($c2250$) 등으로 구성되어 있다. 수출의 경우 운임이 별도의 요인으로 구성되었으나 수입의 경우는 운임과 물류비가 하나의 요인으로 묶인 점이 특이하다. 이는 수입화물의 경우 매수인이 전체 비용을 고려하여 제품을 수입하기 때문인 것으로 보인다.

요인 2는 수출의 요인 3과 같은 '화물의 인도' 요인으로 화물의 목적지($c1260$), 화물의 인도날짜($c1270$), 수송거리($c1280$) 등으로 구성되어 있다.

요인 3은 '제품의 특성' 요인으로 제품의 가치($c1220$), 제품의 라이프사이클($c1230$), 제품의 유행 민감성($c1240$), 화물의 손상 민감성($c1250$) 등으로 구성되어 있다. 수출의 요인 2와 같이 제품의 무게가 제품의 특성 요인에 포함되지 않은 점이 주목된다.

요인 4는 수송수단의 속도($c2260$), 수송기간($c2270$), 선적 크기 및 수량($c2280$) 등으로 구성되어 있다. 일반적으로 수출화물의 경우는 매수인(buyer)의 요구가 크게 작용하지만 수입화물의 경우는 매도인(seller)의 요구가 크게 작용하지 않고 있다. 이는 수출과 수입 모두 바이어(buyer)

의 입장에 선 매수인이 우월적인 지위에 있기 때문이다. 따라서 요인 4
는 수출의 요인 4와 달리 매도인(seller)의 요구가 작용하지 못하고 있다.
수송기간은 수송수단의 속도에 따라 달라지며, 선적 크기 및 수량에 따
라 수송수단의 선택이 이루어지는 경우가 많으며 이를 수송조건이라 볼
수 있으므로 요인 4를 '수송조건' 요인이라 칭하기로 한다.

요인 5는 매도인(seller)의 요구(c3280)와 운송구조 및 조직체계
(c3290)로 구성되어 있다. 운송구조와 매도인의 요구가 어떤 관련성을
갖고 있는지 명확하게 밝혀진 바 없으나 상관관계가 있을 것으로 추정되
므로 요인 5를 '수송구조'라고 명명하기로 한다.

요인 6은 수출의 요인 6과 마찬가지로 기존관행(c3250), 운송업체 영업
직원의 권유(c3260), 운송담당자의 판단(c3270) 등으로 구성되어 있다. 따
라서 요인 6을 수출의 요인 6과 마찬가지로 '기업의 풍토'라 칭하기로 한다.

요인 7은 기업의 물류정책(c3210), 대고객 서비스 수준(c3220), 제품의
시장 상황(c3230), 환율의 변동(c3240) 등으로 구성되어 있다. 수출의 요
인 5와 같은 변수들로 구성되어 있으므로 수출의 요인 5와 마찬가지로
'물류정책 및 시장 상황'으로 명명하기로 한다.

제4절 가설의 검증

1. 가설 1의 검증

가설 1은 수출의 경우보다 수입의 경우에 수송수단 선택 시 비용 요인
을 중요하게 고려할 것이라고 설정하였다. 수출의 경우는 매수인(buyer)

140

의 요구에 따라 수출자인 매도인(seller)이 단순히 제품을 선적하는 경우
가 많으므로 비용을 고려하지 않아도 되나 수입의 경우는 국내의 수입자
가 매수인(buyer)의 위치에 서서 제품을 구매해야 하기 때문에 비용을
충분히 고려해야 한다. 따라서 본 가설은 수출과 수입의 경우에 비용 요
인의 중요도에 차이가 있는지를 알아보기 위하여 설정하였다.

본 연구에서 비용 요인을 나타내는 변수로 운임, 수송 중 재고비, 현지
의 안전재고비, 총물류비, 보험료 등 5문항을 설정하였으나 요인분석의
결과 수출의 경우는 운임과 물류비 요인으로 나뉘고 수입의 경우는 비용
요인으로 묶여 요인분석에 따른 비용 요인이 동일하지 않으므로 가설 1
을 검증하기 위하여 이들 다섯 개 변수에 대해 모두 검정하기로 한다.

〈표 5-15〉 비용 요인의 중요도에 대한 수출과 수입의 차이

구 분	평 균	표준편차	t 값	유의수준(양쪽)
대응 1 운임(수출) - 운임(수입)	-9.41E-02	.67	-1.303	.196
대응 2 재고비(수출) - 재고비(수입)	-.66	.89	-6.796	.000
대응 3 안전재고비(수출) - 안전재고비(수입)	-.58	.88	-6.053	.000
대응 4 총물류비(수출) - 총물류비(수입)	-.65	.96	-6.214	.000
대응 5 보험료(수출) - 보험료(수입)	-.31	.80	-3.516	.001

주) 1. 자유도: 84
    2. 재고비는 수송 중 재고비, 안전재고비는 현지의 안전재고비를 말함.

가설 1을 검증하기 위하여 대응표본 T-검정(paired t-test)을 실시하였
다. T-검정은 두 집단 간의 평균이 통계적으로 유의한 차이를 보이고 있
는지의 여부를 검정할 때 사용되는 분석방법으로서 동일한 표본에서 두 개

의 변수의 평균값을 비교할 때는 대응표본 T-검정을 이용하여 검증하게 된다. T-검정의 원리는 각 표본의 분산과 두 표본을 합한 전체 집단의 분산을 이용하여 평균의 차이가 어느 정도 유의한가를 검증하는 것이다.[148]

대응표본 T-검정 결과 유의수준은 운임을 제외하고 모두 통상적으로 사용하는 유의수준 0.05보다 작으므로 평균점수의 차이가 '0'이라는 귀무가설을 기각하게 되어 평균점수의 차이가 '0'이 아니라는 대립가설을 채택하게 된다.

일반적으로 수출의 경우는 운임만을 중요시 여기고 수입의 경우는 운임을 포함한 모든 비용 요인을 중요하게 고려하므로 수출과 수입의 경우에 차이가 나타난 것으로 추정된다.

2. 가설 2의 검증

가설 2는 현지 지사와의 거래 비율이 높은 기업은 낮은 기업보다 비용 요인을 더 중요하게 고려할 것이라고 설정하였다. 단순 수출업체의 경우 매수인의 요청에 따라 제품을 선적하면 되므로 비용 요인을 고려하지 않아도 되나, 현지 지사와의 거래 비율이 높은 기업은 자사의 제품을 직접 현지에 수송하는 형태를 띠게 되므로 비용 요인을 더 중요하게 생각하는 것으로 나타났다. 특히 글로벌 기업의 경우는 물류 활동을 전략적으로 이용하여 많은 비용을 절감하거나 기업의 수익을 증대시키고 있다.

가설 2를 설정한 이유는 우리나라의 수출입 기업이 교역 활동에서 비용 요인을 얼마나 중요시 여기는지 알아보기 위함이다. 이를 통해 수출입 기업의 물류수준을 간접적으로 알아볼 수 있다. 물류수준이 높을 경우 수송수단 선정 시 비용 요인을 충분히 고려하나 물류수준이 낮은 경우 수송수

---

148) 김범종, 『SPSS/PC+ 사용법과 통계분석기법 해설』, 학현사, 1996, p.93.

단 선정 시 비용 요인을 고려하지 않는 것으로 나타났기 때문이다

본 설문에서는 본사와 현지지사와의 거래가 차지하는 비율에 따라 다섯 개 그룹으로 나뉘었다. 이 중 수출입 활동에서 본사와 현지 지사 간의 거래가 차지하는 비율이 전혀 없는 업체는 44개사로 35.5%, 1-9%는 20개사로 16.1%, 10-29%는 21개사로 16.9%, 30-49%는 14개사로 11.3%, 50% 이상인 업체는 25개사로 20.2%를 차지하고 있다.

가설 2를 검증하기 위하여 분산분석(analysis of variance)을 이용하였다. 분산분석은 2집단 이상의 평균간의 차이를 검증하는 데 이용되는 방법이다. 분산분석은 크게 일원분산분석과 다원분산분석으로 대별되는 데 일원분산분석이란 독립 변수가 한 개일 때이며, 다원분산분석은 독립 변수가 두 개 이상일 때이다. 본 가설의 검증에는 독립 변수가 한 개 사용되므로 일원분산분석(oneway ANOVA)을 이용하였다.

분산분석에서 가설을 검정하기 위하여 F 값이 계산되는데, F 값은 집단 간 평균분산을 집단 내 평균분산으로 나눈 것을 의미한다. 만약 검정통계량 F 값이 채택역 안에 있다면 귀무가설이 채택되고, 반대로 기각역 안에 있다면 반대로 귀무가설이 기각되고 대립가설은 채택된다.[149]

비용 요인에 대한 분산분석을 실시함에 있어 비용 요인 하나에 대한 분산분석을 실시하지 않고 비용 요인의 다섯 가지 변수에 대한 분산분석을 실시하였다. 이는 비용 요인 중 수출의 경우는 운임과 물류비가 별도 요인을 구성하나 수입의 경우는 비용 요인 하나로 묶이므로 각각의 변수에 대한 분산분석을 실시하는 것이 바람직하다고 판단되었기 때문이다.

수출의 경우 다섯 개 변수에 대한 분산분석을 실시한 결과 〈표 5-16〉과 같이 한 개 변수만 집단 간 평균의 차이가 있는 것으로 나타났고, 나머지 네 개 변수는 집단 간 차이가 없었다.

---

149) 상게서, pp.101-104.

〈표 5-16〉 일원분산분석의 결과(수출)

구 분		제곱합	자유도	평균제곱	F	유의수준
운임	그룹 간	6.766	4	1.691	3.581	.009
	그룹 내	52.432	111	.472		
	합 계	59.198	115			
수송 중	그룹 간	6.421	4	1.605	2.133	.081
재고비	그룹 내	83.545	111	.753		
	합 계	89.966	115			
현지의	그룹 간	5.125	4	1.281	1.692	.157
안전재고비	그룹 내	84.073	111	.757		
	합 세	89.198	115			
총물류비	그룹 간	6.092	4	1.523	1.790	.136
	그룹 내	94.460	111	.851		
	합 계	100.552	115			
보험료	그룹 간	3.936	4	.984	1.442	.225
	그룹 내	75.753	111	.682		
	합 계	79.690	115			

　다섯 개의 집단에서 116개의 표본을 대상으로 분산분석을 실시하면 유의수준 0.05의 조건에서 F 값은 2.45 이상이 되어야 '차이가 없다'라는 귀무가설이 기각되고 각 집단 간 유의적인 차이가 있다고 해석할 수 있다.

　운임은 F 값이 3.581, 유의수준 0.009로 다섯 개 집단 간 운임의 중요도에 대해 인식하는 정도에 차이가 없다는 귀무가설은 0.05% 수준에서 기각되므로 집단 간 통계적으로 유의한 차이가 있다. 그러나 수송 중 재고비는 F 값 2.133, 유의수준 0.081, 현지의 안전재고비는 F 값 1.692, 유의수준 0.157, 총물류비는 F 값 1.790, 유의수준 0.136, 그리고 보험료는 F 값 1.442, 유의수준 0.225이므로 귀무가설이 0.05% 수준에서 채택되어 집단 간 차이가 없다.

　일반적으로 귀무가설을 채택한 경우에는 더 이상 분석을 진행할 필요가 없게 되지만 귀무가설을 기각한 경우에는 사후분석(Post Hoc)으로

144

각 집단별 평균을 비교하는 다중비교절차를 수행한다.[150] 사후분석 방법
은 Scheffe, Tukey, Duncan 등의 방법이 있으나 던칸(Duncan)의 다중범
위검정(multiple range test)이 가장 많이 사용되고 있으므로 본 연구에
서도 이를 사용하였다. 따라서 귀무가설이 기각된 운임에 대한 던칸의
다중범위검정을 수행한 결과 본사와 현지 지사 간의 거래가 전혀 없는
기업과 본사와 현지 지사 간의 거래가 있는 기업 간에 평균의 차이가 있
는 것으로 나타났다. 평균값은 그룹 1이 3.86, 그룹 5가 4.16, 그룹 2가
4.32, 그룹 3이 4.43, 그룹 4가 4.50을 기록하였다.

이와 같은 검정 결과는 우리나라 수출 기업은 글로벌화 정도에 관계없
이 물류 수준이 낮으며, 물류를 전략적으로 활용하지 못하는 것으로 추
정된다. 기업의 글로벌화 정도에 따라 운임에 대해서는 고려하는 중요도
가 다르나 수송 중 재고비와 안전재고비를 포함한 물류비에 대해서는 글
로벌화 정도에 관계없이 고려하는 중요도에 차이가 없는 것으로 나타나
우리나라 수출 기업이 물류비의 중요도를 크게 인식하고 있지 못하는 것
으로 해석된다.

수입에 대한 분산분석 결과는 〈표 5-17〉에서 보는 바와 같이 수출과
다르게 나타났다. 수출에서는 운임만 집단 간 차이가 있는 것으로 나타
났으나 수입에서는 총물류비만 집단 간 차이가 있는 것으로 나타나고 나
머지 네 개 변수는 집단 간 차이가 없다.

---

150) 원태연·이용구, 전게서, p.197.

〈표 5-17〉 일원분산분석의 결과(수입)

		제곱합	자유도	평균제곱	F	유의수준
운임	그룹 간	3.414	4	.853	1.983	.104
	그룹 내	37.877	88	.430		
	합 계	41.290	92			
수송 중	그룹 간	5.072	4	1.268	2.057	.093
재고비	그룹 내	54.240	88	.616		
	합 계	59.312	92			
현지의	그룹 간	3.638	4	.910	1.551	.195
안전재고비	그룹 내	51.609	88	.586		
	합 계	55.247	92			
총물류비	그룹 간	5.570	4	1.392	2.754	.033
	그룹 내	44.495	88	.506		
	합 계	50.065	92			
보험료	그룹 간	3.658	4	.915	1.173	.328
	그룹 내	68.621	88	.780		
	합 계	72.280	92			

총물류비는 F 값이 2.754, 유의수준이 0.03으로 다섯 개 집단 간 운임의 중요도에 대해 인식하는 정도에 차이가 없다는 귀무가설은 0.05% 수준에서 기각되므로 집단 간 통계적으로 유의한 차이가 있다. 그러나 운임은 F 값 1.983, 유의수준 0.104, 수송 중 재고비는 F 값 2.057, 유의수준 0.093, 현지의 안전재고비는 F 값 1.551, 유의수준 0.195, 보험료는 F 값 1.173, 유의수준 0.328이므로 귀무가설이 채택되어 집단 간 통계적으로 유의한 차이가 없다.

사후분석으로 귀무가설이 기각된 총물류비에 대한 던칸의 다중범위검정을 실시한 결과 본사와 현지 지사 간 거래가 전혀 없는 기업과 본사와 현지 지사 간 거래가 있는 기업 간에 통계적으로 유의한 차이가 있는 것으로 나타났다. 평균값은 그룹 1이 3.24, 그룹 2가 3.58, 그룹 3이 3.78, 그룹 4가 3.85, 그룹 5가 3.83을 기록하였다.

수입의 경우는 검정결과에서 나타난 바와 같이 본사와 현지 지사 간 거래 비율이 높은 정도에 따라, 즉 글로벌화 정도에 따라 총물류비를 중요하게 고려하는 것으로 해석할 수 있다.

3. 가설 3의 검증

가설 3은 정형무역거래 조건에 따라 수송수단 선택 시 고려하는 요인이 달라진다고 설정하였다. 우리나라 수출입 기업은 정형무역거래 조건 중 E조건과 D조건은 거의 이용하지 않고 F조건과 C조건을 주로 이용하는 것으로 나타나 본 분석에서도 F조건과 C조건에 따른 고려 요인의 차이에 대해서만 검증하기로 한다.

본 가설에 대한 검증은 판별분석을 이용하기로 하였다. 판별분석은 계량적으로 측정된(등간척도나 비율척도) 독립 변수들을 이용하여 명목척도로 측정된 종속 변수(즉 집단의 분류)를 분류하는 방법이다.[151]

판별분석에서 집단 간 차이의 통계적 유의성을 검증하는 데는 Wilks' Lambda 값이 판단기준으로 사용된다. Wilks' Lambda 값은 집단 내 분산/(집단 내 분산+집단 간 분산)의 비율로서 집단 간 분산이 적을수록 1에 가까워지며 이것은 집단 간에 차이가 없음을 의미한다. 따라서 집단 간의 분산이 집단 내 분산에 비하여 상대적으로 커지면 그 비율은 적어지며 집단 간에 차이가 있다고 할 수 있다.[152]

---

151) Joseph F. Hair, Jr., Rolph E. Anderson, Ronald L. Tatham, and William C. Black, *op. cit.*, pp.181-183.

152) 채서일, 전게서, p.458.

〈표 5-18〉 집단의 평균차 검정(수출 무역 거래조건)

구 분	Wilks 람다	F	유의 수준
물류비	.98605	1.5560	.2149
제품의 특성	.99502	.5503	.4598
화물의 인도	.99914	.0951	.7584
수송조건	.99973	.0296	.8637
물류정책과 시장 상황	.99732	.2953	.5879
기업의 풍토	.99767	.2567	.6134
제품의 무게와 운임	.97672	2.6221	.1082

수출의 경우 모든 요인에서 Wilks 람다 값이 1에 가까우므로 F조건과 C조건을 주로 이용하는 집단 간에는 차이가 없는 것으로 나타났다. 수출의 경우 정형무역거래조건의 선택은 수출자보다 수입자의 의도에 의해 선택되기 때문에 F조건과 C조건 간에 차이가 없는 것으로 판단된다.

〈표 5-19〉 집단의 평균차 검정(수입 무역 거래조건)

구 분	Wilks 람다	F	유의 수준
비용	.92864	6.6855	.0114
화물의 인도	.99808	.1676	.6833
제품의 특성	.99885	.1006	.7519
수송조건	.98249	1.5506	.2164
운송구조	.99856	.1253	.7242
기업의 풍토	.97306	2.4089	.1243
물류정책과 시장 상황	.98409	1.4063	.2389

수입의 경우 비용 요인은 F 통계량 값이 크고 유의수준이 0.05보다 작으므로 이들의 평균차이는 유의하다고 볼 수 있다. 수입의 경우 매수인(buyer)의 입장에 있는 수입자가 정형무역거래 조건을 어떻게 활용하느냐에 따라 비용이 달라질 수 있기 때문에 F조건과 C조건을 이용하는 집단 간에 차이가 있는 것으로 분석된다. 즉, F조건을 선택하는 수입자는

수송에 대한 주도권을 가져 수송수단 및 운송인을 지정함으로써 수송을 전략적으로 활용할 수 있으나 C조건을 선택하는 업체는 수송수단 및 운송인 지정을 매도인에게 줌으로써 수송을 전략적으로 활용할 수 없다.

〈표 5-20〉은 비용 요인에 따른 F조건 및 C조건 이용 집단 간을 판별한 결과를 정리한 것이다. 집단 2(F조건)에 속한 55개 중 33개가 집단 2로 판별되었고, 22개가 집단 3(C조건)으로 판별되었으므로 판별 적중률은 60%이다. 집단 3의 경우는 34개 중 15개를 집단 2로 19개를 집단 3으로 판별하여 판별 적중률은 55.9%이다. 따라서 전체의 판별 적중률은 58.43%이다. 이와 같은 결과는 수입의 경우도 정형무역거래조건에서 F조건 및 C조건 이용 집단 간의 차이가 그다지 크지 않음을 보여주고 있으므로 무역 거래 조건에 따른 집단 간 큰 차이는 없는 것으로 결론을 내릴 수 있다.

〈표 5-20〉 판별결과(수입 무역 거래조건)

실제그룹		사례 수	예측에 의한 분류	
			2	3
그룹 2	빈도 비율	55	33 60.0%	22 40%
그룹 3	빈도 비율	34	15 44.1%	19 55.9%

주) 명중률: 58.43%

4. 가설 4의 검증

가설 4는 제품의 종류에 따라 수송수단 선택 시 고려하는 요인의 중요도가 달라진다고 설정하였다. 이와 같이 가설을 설정한 이유는 제품에 따른 특성이 각각 다르기 때문에 수송수단 선정 시에도 이러한 특성이 반영되는지 알아보기 위함이다.

설문에서 제품의 종류를 전기·전자류, 섬유류, 기계류, 화학제품, 기타 등 다섯 가지로 나누었다. 이와 같이 제품의 종류를 구분한 이유는 이들 제품이 우리나라 수출입의 주종을 이루기 때문이다.

본 가설의 검증을 위해 분산분석을 이용하였으며, 25개 변수에 대해 분산분석을 실시하는 것은 비경제적이므로 요인분석의 결과 나타난 일곱 개 요인에 대한 분산분석을 실시하였다.

분산분석의 결과 수출의 경우 〈표 5-21〉에서 보는 바와 같이 세 개의 요인에 대해서는 집단 간 차이가 나타났으나 네 개의 요인에 대해서는 집단 간 차이가 나타나지 않았다.

다섯 개의 집단에서 116개의 표본을 대상으로 분산분석을 실시하면 유의수준 0.05의 조건에서 F 값은 2.45 이상이 되어야 '차이가 없다'라는 귀무가설이 기각되고 각 집단 간 유의적인 차이가 있다고 해석할 수 있다.

물류비, 제품의 특성, 그리고 수송조건 요인은 F 값이 모두 2.45 이상이 되므로 집단 간 유의적인 차이가 있는 것으로 해석할 수 있으며, 화물의 인도, 물류정책과 시장 상황, 기업의 풍토, 그리고 제품의 무게와 운임 요인은 F 값이 모두 2.45 미만이므로 집단 간 유의적인 차이가 없는 것으로 해석된다.

물류비 요인에 대한 던칸 검정결과 그룹 1, 2와 그룹 3, 4, 5 간에 차이가 있는 것으로 나타났다. 평균값은 그룹 1이 -0.1891170, 그룹 2가 -0.4553009, 그룹 3이 0.1130279, 그룹 4가 0.3163456, 그룹 5가 0.2996504를 기록하였다. 이는 그룹 1인 전기·전자류와 그룹 2인 섬유류는 비교적 항공수송을 많이 이용하고 이에 따라 물류비를 고려하는 경우가 많으므로 타 그룹과 차이가 있는 것으로 추정된다.

제품의 특성에 대한 던칸 검정결과 화학제품은 평균값이 -0.6713575이고 전기·전자류는 평균값이 0.5849580인 것으로 나타나 이들 두 그룹 간 가

150

장 큰 차이를 보였다. 화학제품은 비교적 저가이고 무거우나 전기·전자류
는 비교적 고가이고 가볍기 때문에 이러한 차이를 보이는 것으로 해석된다.
  수송조건에 대한 던칸 검정결과도 물류비 요인 및 제품의 특성 요인과
비슷하게 나타났다. 화학제품과 기타가 같은 그룹으로 묶이고 전기·전자
류, 섬유류, 기계류가 같은 그룹으로 묶이는 것으로 나타났다.

<표 5-21> 일원분산분석의 결과(수출 제품 종류)

구 분		제곱합	자유도	평균제곱	F	유의수준
물류비	그룹 간	10.832	4	2.708	2.886	.026
	그룹 내	104.168	111	.938		
	합 계	115.000	115			
제품의 특성	그룹 간	19.442	4	4.861	5.646	.000
	그룹 내	95.558	111	.861		
	합 계	115.000	115			
화물의 인도	그룹 간	4.321	4	1.080	1.083	.368
	그룹 내	110.679	111	.997		
	합 계	115.000	115			
수송조건	그룹 간	15.989	4	3.997	4.481	.002
	그룹 내	99.011	111	.892		
	합 계	115.000	115			
물류정책과 시장 상황	그룹 간	1.485	4	.371	.363	.835
	그룹 내	113.515	111	1.023		
	합 계	115.000	115			
기업의 풍토	그룹 간	3.117	4	.779	.773	.545
	그룹 내	111.883	111	1.008		
	합 계	115.000	115			
제품의 무게 와 운임	그룹 간	6.598	4	1.649	1.689	.158
	그룹 내	108.402	111	.977		
	합 계	115.000	115			

주) 그룹 1: 전기·전자류, 그룹 2: 섬유류, 그룹 3: 기계류, 그룹 4: 화학제품, 그룹 5: 기타

수입에 대한 분산분석의 결과는 수출의 경우와 약간 다르게 나타났다. 수입의 경우 제품의 특성과 수송조건에 대해서는 집단 간 차이가 나타났으나 비용, 화물의 인도, 운송구조, 기업의 풍토, 물류정책과 시장 상황 등 다섯 개 요인에 대해서는 집단 간 차이가 없었다. 비용 요인에서 집단 간 차이를 보이지 않는 것은 수입 제품의 경우 제품의 종류에 관계없이 모든 매수인(buyer)이 비용 요인을 중요하게 고려하기 때문인 것으로 판단된다.

〈표 5-22〉 일원분산분석의 결과(수입 제품 종류)

구 분		제곱합	자유도	평균제곱	F	유의수준
비용	그룹 간	2.227	4	.557	.546	.703
	그룹 내	89.773	88	1.020		
	합 계	92.000	92			
화물의 인도	그룹 간	5.435	4	1.359	1.381	.247
	그룹 내	86.565	88	.984		
	합 계	92.000	92			
제품의 특성	그룹 간	11.568	4	2.892	3.164	.018
	그룹 내	80.432	88	.914		
	합 계	92.000	92			
수송조건	그룹 간	14.911	4	3.728	4.255	.003
	그룹 내	77.089	88	.876		
	합 계	92.000	92			
운송구조	그룹 간	.381	4	9.526E-02	.092	.985
	그룹 내	91.619	88	1.041		
	합 계	92.000	92			
기업의 풍토	그룹 간	5.977	4	1.494	1.529	.201
	그룹 내	86.023	88	.978		
	합 계	92.000	92			
물류정책과 시장 상황	그룹 간	3.108	4	.777	.769	.548
	그룹 내	88.892	88	1.010		
	합 계	92.000	92			

주) 그룹 1: 전기·전자류, 그룹 2: 섬유류, 그룹 3: 기계류, 그룹 4: 화학제품, 그룹 5: 기타

5. 가설 5의 검증

가설 5는 IMF 이전보다 IMF 이후에 수송수단 선택 시 물류정책 및 시장 상황 요인이 더 중요하게 고려될 것이라고 설정하였다. 1997년 말 외환위기로 경제 상황이 불안정하고 환율이 급등해지자 각 수출입 기업은 물류정책을 강화하고 시장 상황 변동에 즉각적으로 대응할 수 있는 체계를 구축하였다. 본 가설은 우리나라 수출입 기업이 IMF 사태를 맞이하여 수송수단 선택 시 물류정책 및 시장 상황 요인을 실제로 중요하게 고려하였는지를 살피고자 설정하였다.

IMF 이전과 IMF 이후의 차이를 비교해야 하기 때문에 본 가설의 검증을 위하여 대응표본 T-검정(paired t-test)을 이용하였다. 대응표본 T-검정 결과 유의수준은 모두 통상적으로 사용하는 유의수준 0.05보다 작으므로 모두 IMF 이전과 IMF 이후의 차이가 '0'이라는 귀무가설을 기각하게 되어 IMF 이전과 IMF 이후의 차이가 '0'이 아니라는 대립가설을 채택하게 된다.

〈표 5-23〉 IMF 이전과 이후의 물류정책 및 시장 상황(수출)

구 분	평 균		표준편차		t 값	유의수준
	IMF이전	IMF이후	IMF이전	IMF이후		
기업의 물류정책	3.75	4.13	0.67	0.86	-5.689	0.000
대고객 서비스 수준	3.99	4.30	0.68	0.85	-5.477	0.000
제품의 시장 상황	3.91	4.26	0.67	0.90	-4.970	0.000
환율의 변동	3.00	4.45	0.96	0.73	-17.565	0.000

〈표 5-24〉IMF 이전과 이후의 물류정책 및 시장 상황(수입)

구 분	평 균		표준편차		t 값	유의수준
	IMF이전	IMF이후	IMF이전	IMF이후		
기업의 물류정책	3.68	4.09	0.93	0.93	-5.218	0.000
대고객 서비스 수준	3.86	4.26	0.80	0.81	-6.477	0.000
제품의 시장 상황	3.96	4.42	0.87	0.83	-6.838	0.000
환율의 변동	2.48	4.42	0.73	0.86	-20.866	0.000

IMF 이후에 기업의 물류정책 및 시장 상황 요인이 IMF 이전보다 더 중요하게 고려되고 있다는 것을 평균값으로 알 수 있다. 특히 환율의 변동은 IMF 이전에는 수송수단 선택 시 고려 요인의 중요도가 보통이었으나 IMF 이후에는 중요 또는 매우 중요하다로 상향되었다. 이와 같은 현상은 수출과 수입 모두에 똑같은 수준으로 나타나 IMF 이후에 수출입 모두 물류정책 및 시장 상황 요인을 매우 중요하게 고려하고 있는 것으로 판단된다.

제6장 결 론

제1절 주요 발견 및 시사점

1. 주요 발견

본 연구는 우리나라 수출입 기업의 국제수송수단 선택 실태를 분석하고 국제물류 활동에서 중추적인 역할을 담당하고 있는 수송수단에 대한 합리적인 선택 방향을 제시하고자 하였다. 이를 위해 먼저 국제수송수단 선택 요인을 살펴보았으며, 국제수송수단 선택에 따른 물류경쟁력 비교를 통해 어느 수송수단을 선택하는 것이 비용과 서비스 측면에서 유리한지 검토한 다음, 실제로 수출입 기업의 국제수송수단 선택 요인 및 실태를 분석하였다.

오늘날 글로벌 경쟁 시대를 맞이하여 기업의 글로벌화가 생존을 위한 필수조건이 되고 있다. 이러한 환경하에서 수출입 물류 활동도 단순히 제품을 판매하거나 구매하는 차원을 넘어서 기업의 판매 및 서비스 전략과 맞추어 추진되고 있으며, 계량적인 비용절감 방안이 모색되고 있다.

선진 외국기업의 경우 물류에 대한 중요성의 인식 및 각종 새로운 기법의 도입으로 물류의 전략적인 활용이 일반화되고 있다. 그러나 국내 기업의 경우 최근 들어 물류의 중요성은 충분히 인식하고 있으나 그 실천적인 방법에서는 미흡한 실정이다. 특히 국제물류의 경우에는 그 정도가 심하여 체계적인 수출입 물류 활동을 수행하지 않고 기계적이고 관습적인 태도를 견지하고 있는 것으로 나타났다.

수출입 물류 활동은 기업의 글로벌화 정도, 해외와의 거래 형태 등에 따라 다르게 나타난다. 선진 외국기업의 경우 글로벌화가 이루어진 기업과 그렇지 못한 기업의 물류서비스 제공 형태가 다르고, 수출업체와 수입업체의 물류 전략에 차이가 있으며, 무역 거래조건에 따라 물류 계획이 수립되는 것으로 나타나고 있다.

그러나 우리나라 수출입 기업의 경우는 이러한 구분이 명확하지 않다. 대부분 기업의 주된 관심사는 수송업체에 지불하는 수송관련 비용을 어떻게 하면 줄일 수 있느냐에 맞추어져 있으며, 이와 같은 비용의 삭감에도 불구하고 서비스는 동일 수준을 유지해 주기를 바라고 있다. 즉, 국제물류 효율화를 위한 내부적인 프로세스 개선 방향보다는 수송비라는 눈에 보이는 비용의 절감을 물류 개선의 목표로 잘못 설정하고 있다.

본 연구의 목적은 이러한 수출입 기업의 잘못된 물류개선 방향을 입증하고, 실제적이고 효율적인 국제물류 활동 방향을 제시하고자 하는 데 있다. 본 연구에서 국제물류 및 수송환경을 분석한 이유는 국제물류 환경의 변화에 따라 우리나라 수출입 기업도 변해야 된다는 사실을 인식시켜주기 위함이며, 국제수송수단 선택에 따른 물류경쟁력 비교 분석은 수출입 기업의 국제물류 효율화 방향을 제시하기 위함이다. 그리고 수출입 기업의 국제수송수단 선택 요인 및 실태를 분석한 것은 우리나라 수출입 기업의 물류 활동 형태를 실증함으로써 현실 직시와 함께 향후의 나아갈 방향을 바르게 설정할 수 있도록 하기 위함이다. 물론 이러한 의도는 표면상 나타난 것이 아니라 연구의 과정에서 함축적으로 나타난 것이기 때문에 연구 목적을 위한 전체 프로세스가 이러한 순서로 이루어진 것은 아님을 밝혀 두고자 한다.

본 연구의 실증 분석은 200여 수출입 업체를 대상으로 실시되었다. 설문지의 회수는 운송업체 영업직원의 방문조사와 FAX 응답이 병행되었다. 이렇게 수집된 자료는 연구 모형에 의하여 설정된 가설을 검증하는 데 이용되었으며, 통계적 분석기법으로는 요인분석, 분산분석, 판별분석, T-검정 등이 사용되었다.

먼저 설문 응답에 대한 신뢰성을 분석하여 변수들이 요인분석에 활용할 수 있는 신뢰성을 확보하고 있는지 파악하였는데 모든 요인들이 0.6 이상의 알파계수를 나타내 변수들이 신뢰성을 확보하였음을 확인하였다.

다음으로 국제수송수단 선택에 영향을 미치는 25개 변수를 요인분석한 결과 주요 요인이 일곱 개로 추출되었다. 이들을 구체적으로 살펴보면 수출의 경우 물류비, 제품의 특성, 화물의 인도, 수송조건, 물류정책 및 시장 상황, 기업의 풍토, 제품의 무게와 운임 등으로 구성되어 있으며, 수입의 경우 비용, 화물의 인도, 제품의 특성, 수송조건, 운송구조, 기업의 풍토, 물류정책 및 시장 상황 등 일곱 개 요인으로 나타나고 있다.

수출입 기업의 국제수송수단 선택 실태를 파악하기 위하여 다섯 개의 가설을 설정하였다. 가설 1은 수출의 경우보다 수입의 경우에 수송수단 선택 시 비용 요인을 중요하게 고려할 것이라고 설정하였다. 가설 1의 분석을 위해 대응표본 T-검정을 실시하였는데, 분석 결과 운임을 제외한 수송 중 재고비, 현지의 안전재고비, 총물류비, 보험료는 유의 수준이 0.05보다 작게 나타나 선호도 평균점수의 차이가 '0'이 아니라는 대립가설이 채택되었다. 운임의 경우 수출과 수입에서 차이가 나타나지 않은 것은 수출 기업과 수입 기업 모두 수송수단 선택 시 운임을 중요하게 고려하기 때문이다. 이는 바꾸어 말하면 수출 기업의 경우 운임만 중요하게 고려하고 수송 중 재고비, 현지의 안전재고비, 총물류비 등은 중요하게 고려하지 않고, 수입 기업은 모든 비용 요인을 중요하게 고려함을 뜻한다.

현지 지사와의 거래 비율이 높은 기업은 낮은 기업보다 비용 요인을 더 중요하게 고려할 것이라고 설정된 가설 2는 분산분석의 결과 수출의 경우는 기각되었으나 수입의 경우는 채택되었다.

가설 3은 정형무역거래 조건에 따라 수송수단 선택 시 고려하는 요인이 달라진다고 설정하였는데, 판별분석의 결과 수출과 수입 모두 집단 간 차이가 없는 것으로 나타났다.

가설 4는 제품의 종류에 따라 수송수단 선택 시 고려하는 요인의 중요도가 달라진다고 설정하였다. 설문에서 분류된 전기·전자류, 섬유류, 기계류, 화학제품, 기타 등 다섯 개 품목에 대한 분산분석의 결과 수출의 경우 물류비, 제품의 특성, 수송조건에서 집단 간 유의적인 차이가 있는 것으로 나타났으며, 수입의 경우 제품의 특성과 수송조건에 대해서 집단 간 차이가 있는 것으로 나타났다.

가설 5는 IMF 이전보다 IMF 이후에 수송수단 선택 시 물류정책 및 시장 상황 요인이 더 중요하게 고려될 것이라고 설정하였다. 대응표본 T－검정을 통한 가설검증 결과 수출입 모두 IMF 이후에 물류정책 및 시장 상황 요인을 매우 중요하게 고려하고 있는 것으로 나타났다.

2. 연구의 시사점

본 연구는 수송수단 선택에 따른 물류경쟁력 비교분석과 가설검증을 통하여 수출입 기업의 수송수단 선택에 대한 몇 가지 시사점을 제시하고 있다.

첫째, 국제수송수단 선택에 따른 물류경쟁력 비교 분석 결과 제품의 가치와 수송 물량에 따라 해상과 항공수송의 비용우위가 달라진다는 점을 확인하였다. 이는 수출입 기업이 수송수단을 선택할 때 총물류비를 충분히 분석한다면 물류 효율화를 가져올 수 있을 뿐만 아니라 비용절감을 가져올 수 있음을 나타내주고 있다. 따라서 수출입 기업이 수송수단을 선택할 때 기존의 관행이나 단순 운임 비교에 따른 수송수단 선택을 지양하고 총물류비에 따른 수송수단 선택을 지향할 때 기업의 경쟁력은 보다 제고될 수 있을 것으로 본다.

둘째, 수출과 수입의 수송수단 선택 시 고려하는 비용 요인의 중요도가 다르게 나타난 것은 수출과 수입의 입장이 다르기 때문이다. 수출 기업은 매도인의 입장에 서 있기 때문에 제품 판매 이후, 즉 선적 이후의 화물에 대한 책임이 없어져 발생하는 비용에 대한 관심이 없으나 수입 기업은 매수인의 입장에 있기 때문에 제품의 수입 시 발생하는 전체 비용을 고려해야 한다. 이는 수출자가 제품을 선적한 이후에는 제품의 소유가 수입자에게 귀속되고 이에 따른 책임 및 모든 비용을 부담해야 하기 때문에 그러하다.

셋째, 우리나라 수출입 기업은 비용 요인의 고려 시 현지 지사와의 거래 비율에 따른 차이가 나타나지 않았다. 이는 외국의 선진 글로벌 기업의 경우 물류를 전략적으로 활용하여 비용절감을 꾀하고 있으나 우리나라 기업은 이러한 물류의 전략적 활용이 뒤진 것으로 해석할 수 있다. 선진 글로벌 기업의 경우 운송인과 거래 시 현지 지사별로 별도의 계약을 체결하지 않고 전 세계의 물량에 대한 거래를 본사에서 총괄해서 하여 물량에 따른 운임 할인을 받고, 양질의 서비스를 제공받는 전략을 추구하고 있으나 우리나라 기업은 이러한 전략 구사에 미흡하다. 우리나라의 경우 현지 지사와의 거래 비율이 높은 기업도 본사에서 총괄하여 수송계약을 체결하거나 관리를 하지 않고 각 지사별로 하도록 방치해 두어 유리한 수송계약을 이끌어내지 못하고 있다. 따라서 우리나라 기업도 선진 기업과 같은 물류전략을 구사하여 비용절감과 물류효율화를 이룰 수 있도록 해야 한다.

넷째, 우리나라 수출입 기업은 정형무역거래조건 중 FOB 조건과 CIF 조건을 가장 많이 이용하고 있는 것으로 나타났다. 수출의 경우 FOB 조건을 이용하는 화주와 CIF 조건을 이용하는 화주 간에 수송수단 선택 시 고려하는 요인의 중요도에 차이가 나타나지 않았으며, 수입의 경우는 비용 요인에서 집단 간 차이를 보이고 있으나 그 차이는 그다지 크지 않은 것으로 분석되었다. 이는 선진 외국기업의 경우 운송인과의 계약 시 운임을 할인받고 자사에 유리한 계약을 이끌어 내기 위하여 무역 거래조건을 적절히 활용하고 있으나 우리나라 수출입 기업은 그렇지 못한 것으로 해석할 수 있다. 즉, 선진 외국기업은 수출의 경우에는 CIF 조건으로, 수입의 경우에는 FOB 조건으로 무역계약을 체결하여 수송계약 및 보험계약을 자사에 유리하게 이끌어내고 있으나 우리나라 수출입 기업은 이러한 개념이 없이 상황에 따라 상대방이 원하는 대로 무역계약을 체결하는 것으로 추정된다. 따라서 우리나라 수출입 기업이 물류경쟁력을 강화하기 위해서는 수출입의 계약단계에서 이루어지는 무역 거래조건에서부터 자사에 유리한 방향으로 이끌려는 노력을 기울여야 할 것으로 본다.

다섯째, IMF 이전과 비교할 때 IMF 이후에 나타난 특징적인 현상은 수출입 기업이 물류 활동에 더 많은 관심을 보이며, 수송수단 선택 시 물류정책 및 시장 상황 요인을 매우 중요하게 고려하고 있다는 점이다. IMF 이후 전반적인 경영 상황의 악화로 기업의 생존을 위한 각종 방안들이 마련되는 가운데 물류 분야의 중요성이 더욱 부각되고 있으며, 물류의 효율화에 대한 필요성이 확산되고 있으므로 우리나라 수출입 기업의 물류 발전과 인식 전환을 위한 좋은 여건이 형성되었다고 사료된다. 따라서 이 기회를 적절히 활용할 경우 우리나라 수출입 기업의 국제물류 경쟁력을 더욱 강화할 수 있을 것으로 판단된다.

제2절 연구의 의의 및 향후 과제

1. 연구의 의의

본 연구는 우리나라 수출입 기업의 국제수송수단 선택에 관하여 수출과 수입, 글로벌 수준, 제품의 종류, 무역 거래조건, IMF 이전과 IMF 이후 등으로 구분하여 실증적인 분석을 하였나. 시금까시 수송수단 선택에 관한 많은 연구가 이루어져 왔지만 수출입 활동과 물류 활동을 연계시켜 수행된 연구는 없으며, 국제물류와 관련한 연구도 국내물류 관련 연구에 비해 활발하지 못한 실정이다.

따라서 본 연구는 국제물류의 관점에서 우리나라 수출입 기업의 수송수단 선택 방향을 제시하였다는 데 의의가 있다. 또한 연구 방법에 있어 수송수단 선택에 따른 물류경쟁력 비교와 수출입 기업의 수송수단 선택 요인에 대한 설문조사를 병행함으로써 연구의 객관성을 높였으며, 이를 수출입 기업의 수송수단 선택 시에 적용할 수 있도록 실용적 방안을 제시하였다는 데 의의가 있다.

이 밖에도 수송수단 선택에 관한 이론적 고찰을 통해 수송수단 선택 이론을 체계적으로 정리함으로써 학문적 기여를 하였으며, 물류경쟁력 비교를 통해 수출입 기업의 수송수단 선택 방향을 제시하고, 우리나라 기업의 현실에 맞춰 수출입 활동에 따른 수송수단 선택 실태를 분석하였다는 데 의의가 있다.

이와 같이 본 연구는 실증적으로 수출입 활동과 물류 활동을 연계시킴으로써 효율적이고 합리적인 국제수송수단 선택 방향을 제시하였다는 데 실용적인 가치가 있다.

2. 연구의 한계 및 향후 연구 과제

본 연구는 수출입 기업의 국제수송수단 선택에 관한 전반적인 분야에 치우친 관계로 국제수송수단 선택에 대한 수출 기업과 수입 기업의 차이, 제품의 종류에 따른 차이, 글로벌 기업과 단순 수출 기업의 차이, IMF 이전과 IMF 이후의 차이 등에 대한 심층적인 분석이 미약하였으며, 연구의 대상이 국내에 소재하고 있는 기업으로 한정되어 연구 결과에 대한 비교 설명이 부족한 한계를 갖고 있다.

위와 같은 연구의 한계를 극복하고 수출입 기업의 국제수송수단 선택을 포함한 국제물류 분야에 관한 연구를 발전시키기 위하여 향후 계속되어야 할 연구 과제를 제시하면 다음과 같다.

첫째, 국제수송수단 선택에 대하여 세분화된 대상을 중심으로 연구를 수행할 필요가 있다고 사료된다. 특정 산업과 특정 분야에 대한 연구를 수행할 경우 보다 심층적이고 특성 있는 결과를 도출할 수 있을 것으로 판단된다.

둘째, 외국기업과 우리나라 기업의 비교분석을 통해 우리나라 기업의 위치를 파악하는 것이 필요하다고 생각된다. 실제로 연구의 초기에는 선진 외국기업과 국내기업을 비교하기 위한 준비를 하였으나 선진 외국기업에 대한 표본 수가 적고 설문을 위한 접근이 어려워 별도로 구분하지 않고 기업의 글로벌화 수준만을 조사하였다.

셋째, 국내유통업체의 수송수단 선택 전략과 수출입 기업의 수송수단 선택 전략을 비교할 때 새로운 연구 결과가 나올 수 있다고 생각된다. 수출입업자와 국내 유통업자와의 차이를 살펴 이를 수출입업체의 물류전략에 반영하는 것도 국제물류의 발전을 위해 필요하다고 판단된다.

넷째, 국제수송수단 선택에 관한 수출입 기업의 태도에 관한 보다 이론적인 연구가 필요하다. 예를 들면, 기업 문화 및 조직 이론 등을 바탕으로 이들 요인이 수송수단 선택에 미치는 영향을 분석할 경우 화주의 태도에 대한 이해와 특성 있는 결과를 도출 할 수 있을 것으로 판단된다.

이 밖에도 수출입에 의존하는 우리나라 경제여건을 감안할 때 국제물류의 발전과 수출입 기업의 국제물류 경쟁력 강화를 위한 다양하고 풍부한 연구가 요구되고 있다.

참고문헌

1. 국내문헌

가. 단행본

강병서·김계수, 「사회과학 통계분석」, 고려정보산업(주), 1998.

김범종, 「SPSS/PC＋ 사용법과 통계분석기법 해설」, 학현사, 1996.

김인호, 「경영전략론」, 비봉출판사, 1991.

다에코 사쿠라이 저, 이용국 역, 「美리미티드社 성장비결」, 포텍스, 1997.

대한항공, 「직무향상 화물초급」, 1998.

방희석, 「현대 해상운송론」, 박영사, 1994.

소영일, 「연구조사방법론」, 박영사, 1996.

원태연·이용구, 「마케팅조사 통계분석」, 고려정보산업(주), 1998.

원태연·정성원, 「통계조사분석」, 고려정보산업(주), 1998.

이대우, 「수입실무」, 한국금융연수원, 1996.

이용근, 「무역계약론」, 법문사, 1994.

이종원, 「경제경영통계학」, 박영사, 1995.

이태원, 「현대항공수송론」, 서울프레스, 1993.

채서일, 「마케팅 조사론」, 학현사, 1994.

한국무역협회, 「수출 기업의 물류비 지출실태 및 물류애로 현황조사 보고」,
　　　1996.

한국무역협회, 「수출입 운송실무」, 1997.

한주섭, 「무역실무론」, 동성사, 1993.

한주섭·이용근, 「무역관습론」, 동성사, 1993.

한진교통물류연구원, 「교통물류연감」, 1996.

한진해운, 「해운일반」, 1990.

나. 논문 및 연구자료

권오경, "수송시간과 신뢰성이 화주의 물류의사결정에 미치는 영향: 물류 비용에 관한 민감도 분석을 중심으로", 「교통개발연구」, 교통개발연 구원, 제2권 제1호, 1995 봄, pp.35-51.

김태현, "Globalization 심화에 따른 International Logistics의 체계화", 「물 류연구」, 한진그룹종합물류연구소, 1995 여름호, pp.5-15.

박영재, "국제물류체계의 변화와 국제수송모드의 선택", 「교통물류」, 한진 교통물류연구원, 1998 봄·여름(통합본), pp.63-80.

백종실, 「국제컨테이너서비스의 선화주간 제휴지속요인 연구」, 중앙대학교 대학원 박사학위논문, 1997. 12.

변의석, "1996년 국가 물류비의 추이", 「월간 교통」, 교통개발연구원, 1998. 5, pp.78-80.

이규훈, 「하주의 국제물류기업 선정요인에 관한 실증적 연구」, 중앙대학교 대학원 박사학위논문, 1992. 12.

조찬혁, 「수출화주의 국제운송인 선정에 관한 연구」, 중앙대학교 대학원 박 사학위논문, 1994. 6.

한진교통물류연구원, 「교통물류동향」, 1997. 1. 15.-11. 15.

2. 일본문헌

가. 단행본

菊池康也, 「物流リエンジニアリング」, 中央經濟社, 1994.

宮下國生, 「日本の國際物流システム」, 千倉書房, 1994.

來見田實, 「新國際航空貨物要論」, 白桃書房, 1990.

來見田實, 「航空貨物の理論と實務」, 成山堂書店, 1989.

唐澤豊, 「物流槪論」, 有斐閣, 1989.

北田正武, 「航空貨物マニュアル」, 株式會社 サンデー, 1990.

北澤博, 「物流情報システム高度化の方向と可能性」, 白桃書房, 1991.

寺本義也 外, 「日本企業のグローバル・ネットワーク戰略」, 東洋經濟新報社,
        1990.

山山徹, 「國際物流槪論」, 白桃書房, 1988.

市來淸也, 「國際物流要論」, 東洋經濟新聞社, 1989.

西澤脩, 「物流コスト・マニュアル」, 中央經濟社, 1992.

阿保榮司, 「ロジスティクス」, 中央經濟社, 1992.

宇野修, 「國際航空貨物マーケティング」, 白桃書房, 1993.

日比野光伸, 「國際化と港」, 成山堂書店, 1993.

日通總合硏究所, 「最新物流 ハンドブック」, 白桃書房, 1991.

前田義信, 「交通經濟要論」, 晃洋書房, 1996.

織田政夫, 「國際複合輸送の實務」, 海文堂, 1992.

나. 논문 및 연구자료

高田富夫, "技術格差と國際競爭力", 「海事産業研究所報」, No.313, 1992. 7, pp.33-42.

高村三郎, "アジア太平洋諸國の工業化戰略と日本の輸出入構造", 「海事産業研究所報」, No.349, 1995. 7, pp.15-37.

國領英雄, "ロジスティクス時代の物流業者", 「海事産業研究所報」, No.375, 1997. 9, pp.7-18.

宮下國生, "物流の統合化・國際化と國際複合輸送", 「海事産業研究所報」, No.311, 1992. 5, pp.9-30.

陶怡敏, "國際物流システムと情報ネットワーク", 「海事産業研究所報」, No.376, 1997. 10, pp.27-41.

______, "國際化物輸送と情報", 「海事産業研究所報」, No.280, 1989. 10, pp.9-28.

______, "總合物流戰略と情報", 「海事産業研究所報」, No.324, 1993. 6, pp.41-54.

鈴木曉, "國際物流とインランド・デポ", 「海事産業研究所報」, No.322, 1993. 4, pp.23-39.

富田功, "國際輸送事業の展開と課題: 國際複合輸送事業の進展に關聯して", 「海事産業研究所報」, No.365, 1996. 11, pp.43-56.

森田捻, "荷主企業の物流課題", 「季刊 輸送展望」, No.245, 1998. Spring, pp.39-46.

三木楯彦, "國際複合輸送とロジスティクス情報システム", 「海事産業研究所報」, No.344, 1995. 2, pp.45-62.

三木楯彦・今井昭夫, "國際複合輸送の最適化の研究", 「海事産業研究所報」, No.312, 1992. 6, pp.7-22.

石田信博, "東・東南アジアにおける國際物流輸送構造の再編成", 「海事産業研究所報」, No.385, 1998. 7, pp.27-28.

________, "貨物輸送構造變化の要因分析", 「海事産業研究所報」, No.346, 1995. 4, pp.27-35.

________, "環太平洋地域の物流構造: アジア・太平洋の航空貨物輸送を中心に", 「海事産業研究所報」, No.315, 1992. 9, pp.27-39.

松橋幸一, "各種輸送機關の競爭力評價基準の研究", 「海事産業研究所報」, No.354, 1995. 12, pp.29-48.

平田義章, "輸出入物流にかかわる高コストと非效率の要因", 「季刊 輸送展望」, No.245, 1998. Spring, pp.76-85.

3. 구미문헌

가. 단행본

Baily, P. J. H., *Purchasing and Supply Management 5th ed.*, Chapman & Hall, London, 1987.

Ballou, Ronald H., *Business Logistics Management 3rd ed.*, Prentice-Hall, Inc., Eaglewood Cliffs, 1992.

Benson, Don, *Transport and Distribution*, Longman Inc., New York, 1985.

Blanchard, Benjamin S., *Logistics Engineering and Management 4th ed.*, Prentice-Hall, Inc., Eaglewood Cliffs, 1992.

Bowersox, Donald J., David J. Closs, and Omar K. Helferich, *Logistical Management 3rd ed.*, Macmillan Publishing Company, New York,

1986.

Branch, Alan E., *Elements of Import Practice*, Chapman and Hall, London, 1990.

Christopher, Martin, *Logistics and Supply Chain Management*, Pitman Publishing, London, 1992.

__________________, *Logistics: the Strategic Issues*, Chapman & Hall, London, 1992.

Cook, John C., *International Air Cargo Strategy*, Freight Press Inc., Philadelphia, 1983.

Cooper, James, *Logistics and Distribution Planning: Strategies for Management 2nd ed.*, Kogan Page, London, 1994.

Coyle, John J., Edward J. Bardi, and C. John Langley, Jr., *The Management of Business Logistics*, West Publishing Company, St. Paul, 1992.

Coyle, John J., Edward J. Bardi, and Joseph L. Cavinato, *Transportation 3rd ed.*, West Publishing Company, St. Paul, 1990.

Daganzo, Carlos F., *Logistics Systems Analysis 2nd ed.*, Springer, New York, 1995.

Dornier, Philippe-Pierre, Ricardo Ernst, Michel Fender, and Panos Kouvelis, *Global Operations and Logistics*, John Wiley & Sons, Inc., New York, 1998.

Fawcett, P., R. E. McLeish, and I. D. Ogden, *Logistics Management*, Pitman Publishing, London, 1992.

Gattorna, John, *The Gower Handbook of Logistics and Distribution Management 4th ed.*, Gower Publishing Company Limited, Hants, 1990.

Hair, Jr., Joseph F., Rolph E. Anderson, Ronald L. Tatham, and William C. Black, *Multivariate Data Analysis with Readings 4th ed.*, Prentice-Hall International, Inc., New Jersey, 1995.

IATA, The *Air Cargo Tariff, issue 45*, International Airline Publications, Amsterdam, October 1997.

Johnson, James C. and Donald F. Wood, *Contemporary Logistics 5th ed.*, Macmillan Publishing Company, New York, 1993.

Lambert, Douglas M. and James R. Stock, *Strategic Logistics Management 3rd ed.*, Irwin, Inc., Boston, 1993.

Lambert, Douglas M., James R. Stock, and Lisa M. Ellram, *Fundamentals of Logistics Management*, Irwin/McGraw-Hill, Boston, 1998.

Locke, Dick, *Global Supply Management: A Guide to International Purchasing*, Irwin Professional Publishing, Chicago, 1996.

Macbeth, Douglas K. and Niel Ferguson, *Partnership Sourcing: An Integrated Supply Chain Management Approach*, Pitman Publishing, London, 1994.

Magee, John F., William C. Copacino, and Donald B. Rosenfield, *Modern Logistics Management*, John Wiley & Sons, Inc., New York, 1985.

Meyer, John R., *et al., The Economics of Competition in the Transportation Industries*, Harvard University Press, 1959.

Michigan State University, *World Class Logistics: The Challenge of Managing Continuous Change*, Council of Logistics Management, Oak Brook, 1995.

Oum, Tae Hoon, *Demand for Freight Transportation with a Special Emphasis on Mode Choice in Canada*, Center for Transportation

172

Studies in University of British Columbia, 1980.

Pooler, Victor H., *Global Purchasing: Reaching for the World*, Van Nostrand Reinhold, New York, 1992.

Robeson, James F. and William C. Copacino, *The Logistics Handbook*, Macmillan, Inc., New York, 1994.

Rushton, Alan and John Oxley, *Handbook of Logistics and Distribution Management*, Kogan Page, London, 1991.

Sandras Jr., William A., *Just-in-Time: Making It Happen*, Oliver Wight Limited Publications, Inc., Vermont, 1989.

Saunders, Malcolm, *Strategic Purchasing and Supply Chain Management*, Pitman Publishing, London, 1994.

Shaw, Stephen, *Effective Air Freight Marketing*, Pitman Publishing, London, 1993.

Sherlock, Jim, *Principles of International Physical Distribution*, Blackwell Publishers, Oxford, 1994.

Thore, Sten, *Economic Logistics*, Quorum Books, New York, 1991.

나. 논문 및 연구자료

Abshire, Roger Dale and Shane R. Premeaux, "Motor Carrier Selection Criteria: Perceptual Differences Between Shippers and Carriers", *Transportation Journal*, Vol.31, No.1, 1991, pp.31-35.

Allen, W. Bruce and Dong Liu, "An Inventory-Transport Model with Uncertain Loss and Damage", *The Logistics and Transportation Review*, Vol.29, No.2, 1993, pp.101-121.

Amstel, M. J. Ploos van, "Physical Distribution Cost Control", *International Journal of Physical Distribution & Materials Management*, Vol.15, No.1, 1985, pp.49-60.

Baumol, W. J. and H. D. Vinod, "An Inventory Theoretic Model of Freight Transport Demand", *Management Science*, Vol.16, 1970, pp.413-421.

Bausch, Dan O., Gerald G. Brown, and David Ronen, "Dispatching Shipments at Minimal Cost with Multiple Mode Alternatives", *Journal of Business Logistics*, Vol.15, No.1, 1994, pp.287-303.

Blanchard, Benjamin S., "The Impact of Integrated Logistics Support on the Total Cost-effectiveness of a System", *International Journal of Physical Distribution & Logistics Management*, Vol.21, No.5, 1991, pp.23-26.

Blumenfeld, Dennis E., Randolph W. Hall, and William C. Jordan, "Trade-off Between Freight Expediting and Safety Stock Inventory Costs", *Journal of Business Logistics*, Vol.6, No.1, 1985, pp.79-100.

Buffa, Frank P., "Transit Time and Cost Factors: their Effects on Inbound Consolidation", *Transportation Journal*, Vol.27, No.1, 1987, pp.50-63.

Cavinato, Joseph L., "A Total Cost/Value Model for Supply Chain Competitiveness", *Journal of Business Logistics*, Vol.13., No.2, 1992, pp.285-301.

Chiu, Huan Neng, "The Integrated Logistics Management System: a Framework and Case Study", *International Journal of Physical Distribution & Logistics Management*, Vol.25, No.6, 1995, pp.4-22.

Christenberry, William S., "The Relationships of Freight Modal Split to Shipper Perception of Transportation Service Characteristics", *Proceedings-Eighteenth Annual Meeting, American Transportation Research Forum*, 1977, pp.515-522.

Christopher, Martin, "Creating Effective Policies for Customer Service", *International Journal of Physical Distribution & Materials Management*, Vol.13, No.2, 1983, pp.3-24.

Cooper, Martha, "Cost and Delivery Time Implications of Freight Consolidation and Warehousing Strategies", *International Journal of Physical Distribution & Materials Management*, Vol.14, No.6, 1984, pp.47-66.

Craig, Thomas, "A Behavioral Model of Modal Selection", *Transportation Journal*, Vol.12, 1973, pp.24-28.

Cunningham, Wayne H. J., "Freight Modal Choice and Competition in Transportation: a Critique and Categorization of Analysis Techniques", *Transportation Journal*, Vol.21, No.4, 1982, pp.66-75.

Dailey, James M. and Zarrel V. Lambert, "Toward Assessing Trade-offs by Shippers in Carrier Selection Decisions", *Journal of Business Logistics*, Vol.2, 1980, pp.35-54.

Das, Ajay and Robert B. Handfield, "Just-in-time and Logistics in Global Sourcing: an Empirical Study", *International Journal of Physical Distribution & Logistics Management*, Vol.27, No.3/4, 1997, pp.244-259.

Das, C., "Choice of Transport Service: An Inventory-Theoretic Approach", *The Logistics and Transportation Review*, Vol.10, No.2, 1972, pp.181-187.

Davies, G. J., "The International Logistics Concept", *International Journal of Physical Distribution & Materials Management*, Vol.13, No.1, 1983, pp.47-55.

Ellram, Lisa M., "Total Cost of Ownership: an Analysis Approach for Purchasing", *International Journal of Physical Distribution & Logistics Management*, Vol.25, No.8, 1995, pp.4-23.

Fawcett, Stanley E. and David J. Closs, "Coordinated Global Manufacturing, the Logistics/Manufacturing Interaction, and Firm Performance", *Journal of Business Logistics*, Vol.14, No.1, 1993, pp.1-25.

Fawcett, Stanley E. and Laura M. Birou, "Exploring the Logistics Interface between Global and JIT Sourcing", *International Journal of Physical Distribution & Logistics Management*, Vol.22, No.1, 1992, pp.3-14.

Fawcett, Stanley E., Linda L. Stanley, and Sheldon R. Smith, "Developing a Logistics Capability to Improve the Performance of International Operations", *Journal of Business Logistics*, Vol.18, No.2, 1997, pp.101-127.

Fawcett, Stanley E. and Stanley A. Fawcett, "The Firm as a Value-added System: Integrating Logistics, Operations and Purchasing", *International Journal of Physical Distribution & Logistics Management*, Vol.25, No.5, 1995, pp.24-42.

Fisher, Marshall L., Janice H. Hammond, Walter R. Obermeyer, and Ananth Raman, "Making Supply Meet Demand in an Uncertain World", *Harvard Business Review*, May-June 1994, pp.83-93.

Gepfert, Alan H., "Business Logistics for Better Profit Performance",

Harvard Business Review, November-December 1968, pp.103-112.

Gibson, Brian J., Harry L. Sink, and Ray A. Mundy, "Shipper-Carrier Relationships and Carrier Selection Criteria", *The Logistics and Transportation Review*, Vol.29, No.4, 1993, pp.371-382.

Grenoble, William Luther, Ⅳ, *Managing Logistics Quality, Speed, and Complexity: Lessons from the Field Service Industry*, unpublished Ph.D. Dissertation, The Pennsylvania State University, 1994.

Haessler, Robert W., "Cost Minimisation of Multiple-vehicle Shipments", *International Journal of Physical Distribution & Logistics Management*, Vol.21, No.7, 1991, pp.37-41.

Harper, Donald V. and Karen S. Goodner, "Just-in-Time and Inbound Transportation", *Transportation Journal*, Vol.30, No.2, 1990, pp.22-31.

Hartwig, J. C. and W. E. Linton, *Disaggregate Mode Choice Models of Intercity Freight Movement*, Transportation Research Center Report, Northwestern University, 1974.

Hatch, Melanie Lynn, *Concurrent Optimization in Designing for Logistics Support*, unpublished Ph.D. Dissertation, Virginia Polytechnic Institute and State University, 1994.

Hoop, Hans van der, "the Transport Connection in Logistics", *International Journal of Physical Distribution & Materials Management*, Vol.14, No.3, 1984, pp.37-44.

Houlihan, John B., "International Supply Chain Management", *International Journal of Physical Distribution & Materials Management*, Vol.15, No.1, 1985, pp.22-38.

Kullman, Brian, *Rail and Truck Competition in the Intercity Freight*

Market, unpublished Ph.D. Dissertation, Massachusetts Institute of Technology, 1973.

Laine, Jouni T. and Ari P. J. Vepsäläinen, "Economies of Speed in Sea Transportation", *International Journal of Physical Distribution & Logistics Management*, Vol.24, No.8, 1994, pp.33-41.

Lambert, Douglas M. and John T. Mentzer, "Inventory Carrying Costs: Current Availability and Uses", *International Journal of Physical Distribution & Materials Management*, Vol.12, No.3, 1982, pp.56-71.

Langley, C. John, "Strategic Management in Transportation and Physical Distribution", *Transportation Journal*, Vol.22, No.3, 1983, pp.71-78.

___________________, "The Evolution of the Logistics Concept", *Journal of Business Logistics*, Vol.7, No.2, 1986, pp.1-13.

___________________, "The Inclusion Transportation Costs in Inventory Models: Some Considerations", *Journal of Business Logistics*, Vol.2, 1980, pp.106-125.

Larson, Paul D., "The Economic Transportation Quantity", *Transportation Journal*, Vol.28, No.2, 1988, pp.43-48.

Liberatore, Matthew J., "A Model of Freight Transport Selection", *Transportation Journal*, Vol.18, No.4, 1979, pp.92-100.

Lieb, Robert C. and Robert A. Miller, "JIT and Corporate Transportation Requirements", *Transportation Journal*, Vol.27, No.3, 1988, pp.5-10.

Limited Inc., *Financial Info 1997*, 1998.

Lynagh, Peter M. and Richard F. Poist, "Managing Physical

Distribution/Marketing Interface Activities: Cooperation or Conflict", *Transportation Journal*, Vol.23, No.3, 1984, pp.36-43.

Magee, John F., "Guides to Inventory Policy: Ⅰ. Functions and Lot Sizes", *Harvard Business Review*, January-February 1956, pp.158-169.

___________, "Guides to Inventory Policy: Ⅱ. Problems of Uncertainty", *Harvard Business Review*, March-April 1956, pp.170-183.

___________, "The Logistics of Distribution", *Harvard Business Review*, July-August 1960, pp.82-94.

Marr, Norman E., "The Impact of Customer Services in International Markets", *International Journal of Physical Distribution & Materials Management*, Vol.14, No.1, 1984, pp.33-40.

McGinnis, Michael A., "A Comparative Evaluation of Freight Transportation Choice Models", *Transportation Journal*, Vol.29, No.2, 1989, pp.36-46.

___________, "A Factor Analytic Study of Logistics Strategy", *Journal of Business Logistics*, Vol.11, No.2, 1990, pp.41-63.

___________, "The Relative Importance of Cost and Service in Freight Transportation Choice: Before and After Deregulation", *Transportation Journal*, Vol.30, No.1, 1990, pp.12-19.

McGinnis, Michael A. and Jonathan W. Kohn, "Logistics Strategy, Organizational Environment, and Time Competitiveness", *Journal of Business Logistics*, Vol.14, No.2, 1993, pp.1-23.

Miklius, Walter, "Estimating Freight Traffic of Competing Transportation Modes: An Application of the Linear Discriminant Function", *Land*

Economics, Vol.65, 1969, pp.267-273.

Miller, Tan, "The International Modal Decision", *Distribution*, October 1991, pp.82-92.

__________, "The International Modal Decision", *Distribution*, November 1991, pp.46-52.

Min, Hokey, "International Intermodal Choices via Chance-Constrained Goal Programming", *Transportation Research*, Vol.25A, No.6, 1991, pp.351-362.

Morton, Alexander Lyall, "International Competition for the Intercity Transport of Manufactures", *Land Economics*, Vol.48, 1972, pp.357-362.

Murphy, David J. and Martin T. Farris, "Time-based Strategy and Carrier Selection", *Journal of Business Logistics*, Vol.14, No.2, 1993, pp.25-40.

Murphy, Paul, Douglas Dalenberg, and James Daley, "Improving International Trade Efficiency: Airport and Air Cargo Concerns", *Transportation Journal*, Vol.29, No.2, 1989, pp.27-35.

Murphy, Paul R., James M. Daley, and Douglas R. Dalenberg, "Selecting Links and Nodes in International Transportation: and Intermediary's Perspective", *Transportation Journal*, Vol.31, No.2, 1991, pp.33-34.

Murphy, Paul R. and Patricia K. Hall, "The Relative Importance of Cost and Service in Freight Transportation Choice Before and After Deregulation: An Update", *Transportation Journal*, Vol.35, No.1, 1995, pp.30-38.

Murphy, Paul R. and Richard F. Poist, "The Logistics-Marketing Interface: Techniques for Enhancing Cooperation", *Transportation*

Journal, Vol.32, No.2, 1992, pp.14-23.

Novack, Robert A., "Integration of Logistics Control Concepts", *Transportation Journal,* Vol.28, No.1, 1988, pp.35-43.

Novack, Robert A., Steven C. Dunn, and Richard R. Young, "Logistics Optimizing and Operational Plans and Systems and their Role in the Achievement of Corporate Goals", *Transportation Journal,* Vol.32, No.4, 1993, pp.29-40.

Oum, Tae H., Michael W. Tretheway, and W. G. Waters, "Concepts, Methods and Purposes of Productivity Measurement in Transportation", *Transportation Research,* Vol.26A, No.6, 1992, pp.493-505.

Pisharodi, R. Mohan, "The Transport-choice Decision Process: the Potential, Methodology and Applications of Script-theoretic Modelling", *International Journal of Physical Distribution & Logistics Management,* Vol.21, No.5, 1991, pp.13-22.

Poist, Richard F., "Evolution of Conceptual Approaches to Designing Business Logistics System", *Transportation Journal,* Vol.26, No.1, 1986, pp.55-64.

Quant, Richard E. and William J. Baumol, "The Demand for Abstract Transport Modes: Theory and Measurement", *Journal of Regional Science,* Vol.16, No.7, 1970, pp.413-421.

Rakowski, James P., "Competition Between Railroads and Trucks", *Traffic Quarterly,* Vol.30, 1972, pp.285-301.

Rao, Kant and Richard R. Young, "Global Supply Chains: Factors Influencing Outsourcing of Logistics Functions", *International Journal of Physical Distribution & Logistics Management,* Vol.24,

No.6, 1994, pp.11-19.

Rao, Kant, Richard R. Young, and Judith A. Novick, "Third Party Services in the Logistics of Global Firms", *The Logistics and Transportation Review*, Vol.29, No.4, 1993, pp.363-370.

Rinehart, Lloyd M., "Global Logistics Partnership Negotiation", *International Journal of Physical Distribution & Logistics Management*, Vol.22, No.1, 1992, pp.27-34.

Riley, Linda Ann, *An Asset Utilization Model Applied to Outsourcing the Marketing Service of Logistics*, unpublished Ph.D. Dissertation, New Mexico State University, 1993.

Roberts, Paul O., "The Logistics Management Process as a Model of Freight Transport Demand", presented at: *International Symposium on Freight Traffic Models*(Amsterdam, Netherlands, May 1971.)

Russell, Randolph M. and Martha C. Cooper, "Cost Savings for Inbound Freight: the Effects of Quantity Discounts and Transport Rate Breaks on Inbound Freight Consolidation Strategies", *International Journal of Physical Distribution & Logistics Management*, Vol.22, No.9, 1992, pp.20-45.

Seaker, Robert F., Matthew A. Waller, and Steven C. Dunn, "A Note on Research Methodology in Business Logistics", *The Logistics and Transportation Review*, Vol.29, No.4, 1993, pp.383-387.

Semeijin, Janjaap, *International Logistics Services: A Carrier-Shipper Comparison of One-stop Shopping*, unpublished Ph.D. Dissertation, Arizona State University, 1994.

Semeijn, Janjaap and David B. Vellenga, "International Logistics and One-stop Shopping", *International Journal of Physical Distribution*

& *Logistics Management*, Vol.25, No.10, 1995, pp.26-44.

Sheffi, Yosef, Babak Eskandari, and Haris N. Koutsopoulos, "Transportation Mode Choice Based on Total Logistics Costs", *Journal of Business Logistics*, Vol.9, No.2, 1988, pp.137-154.

Slater, A. G., "Choice of the Transport Mode", *International Journal of Physical Distribution & Materials Management*, Vol.12, No.3, 1982, pp.72-91.

Sletmo, Gunnar K. and Jacques Picard, "International Distribution Policies and the Role of Air Freight", *Journal of Business Logistics*, Vol.6, No.1, 1985, pp.35-51.

Stalk, Jr., George, "Time-The Next Source of Competitive Advantage", *Harvard Business Review*, July-August 1988, pp.41-51.

Surti, Vasant H. and Ali Ebrahimi, "Modal Split of Freight Traffic", *Traffic Quarterly*, Vol.26, 1972, pp.575-588.

Thomchick, Evelyn A. and Lisa Rosenbaum, "The Role of U.S. Export Trading Companies in International Logistics", *Journal of Business Logistics*, Vol.5, No.2, 1984, pp.85-105.

Tyagi, Rajesh and Chandrasekhar Das, "A Methodology for Cost Versus Service Trade-offs in Wholesale Location-Distribution Using Mathematical Programming and Analytic Hierarchy Process", *Journal of Business Logistics*, Vol.18, No.2, 1997, pp.77-99.

Tyworth, John E, "Estimating the Effects of Carrier Transit-Time Performance on Logistics Cost and Service", *Transportation Research*, Vol.32, No.2, 1998, pp.89-97.

_________________, "Transport Selection: Computer Modelling in a Spreadsheet Environment", *International Journal of Physical*

Distribution & Logistics Management, Vol.21, No.7, 1991, pp.28-36.

Tyworth, John E. and Amy Zhaohui Zeng, "Modelling Transportation-inventory Trade-offs in a Stochastic Setting", *Journal of Business Logistics*, Vol.13. No.2, 1992, pp.97-124.

Tyworth, John E. and Ram Ganeshan, "Inventory Control Under Gamma Demand and Random Lead Time", *Journal of Business Logistics*, Vol.17, No.1, 1996, pp.291-304.

Tyworth, John E., Kant Rao, and Alan J. Stenger, "A Logistics Cost Model For Purchasing Transportation to Replenish High Demand Items", *Journal of the Transportation Research Forum*, Vol.32, No.1, 1991, pp.146-157.

Waters, II, W. G., "Statistical Costing in Transportation", *Transport Economics: Selected Readings*, Korea Research Foundation For the 21st Century, 1995, pp.175-196.

Watson, Peter L., James C. Hartweg, and William E. Linton, "Factors Influencing Shipping Mode for Intercity Freight: A Disaggregate Approach", *Proceedings-Fifteenth Annual Meeting, American Transportation Research Forum*, 1974, pp.138-144.

Woods, Douglas W. and Thomas A. Domencich, "Competition Between Rail and Truck in Intercity Freight Transportation", *Proceedings-Twelfth Annual Meeting, American Transportation Research Forum*, 1971, pp.257-258.

<부록>

<국제수송수단 선택에 관한 화주기업 설문 조사>

　안녕하십니까? 바쁘신 중에도 본 설문조사에 응해주셔서 대단히 감사합니다.

　본 설문은 수출입 기업이 국제수송수단을 선택함에 있어 고려해야 할 요인을 분석하기 위해 작성되었습니다. 본 연구의 결과는 수출입 기업의 국제물류 성생력을 강화하기 위한 방안으로 활용될 것입니다. 연구의 객관성을 높이기 위하여 귀하의 성의 있는 설문 응답을 부탁드립니다.

　본 조사의 내용은 학문적인 연구 목적에만 활용될 것이며, 향후 귀사에서 국제물류 효율화를 위한 지표로서 활용하고자 할 경우에는 기본 자료를 제공하여 드리겠습니다. 설문에 응하여 주신 것에 다시 한번 감사드립니다.

1998년 7월

중앙대학교 대학원 무역학과　　지도교수 방 희석

박사과정 박 영재 드림

응 답 요 령

　본 설문지는 '5점 척도', '선택형', '단답형' 등 3가지 유형의 질문으로 구성되어 있습니다.

　5점 척도 유형의 응답 요령은 숫자 1은 가장 중요하지 않는 정도를 3은 보통 정도를 5는 가장 중요한 정도를 나타냅니다(1=전혀 중요하지 않음, 2=별로 중요하지 않음, 3=보통, 4=비교적 중요함, 5=매우 중요함). 동의하는 정도에 따라 해당 번호에 ∨ 표시를 하여 주십시오. 선택형의 경우도 해당 번호에 ∨ 표시를 하여 주시고, 단답형의 경우는 간단히 답해 주십시오.

가. 일반 사항

1. 귀사의 주요 수출입 품목은 무엇입니까?
　① 전기·전자류　　② 섬유류　　　　③ 기계류
　④ 화학제품　　　⑤ 기타(구체적으로:　　　　)

2. 귀사의 1997년도 매출액을 표시해 주십시오. (약 ＿＿＿＿ 억 원)

3. 귀사의 매출액 중 수출입이 차지하는 비중은 어느 수준입니까?
　① 5% 미만　　　② 5-9%　　　　③ 10-29%
　④ 30-49%　　　⑤ 50% 이상

4. 귀사의 수출과 수입 간의 비중은 다음 중 어디에 해당됩니까?
　① 수출만 하고 있음　　　② 수입만 하고 있음
　③ 수출의 비중이 높음　　④ 수입의 비중이 높음
　⑤ 수출과 수입이 거의 비슷함

5. 귀사에서 수출입하는 주력 제품의 특성을 요약한다면 다음 중 어디에
　해당합니까? (해당되는 번호에 모두 ○표 하세요.)
　① 비교적 고가품에 속한다.　　② 비교적 저가품에 속한다.
　③ 유행(또는 시간)에 민감하다.　④ 유행(또는 시간)에 민감하지 않다.
　⑤ 제품의 무게가 가벼운 편이다.　⑥ 제품의 무게가 무거운 편이다.
　⑦ 비교적 소량으로 거래된다.　　⑧ 비교적 대량으로 거래된다.

6. 귀사의 수출입 활동에서 본사와 현지 지사 간의 거래가 차지하는 비
　율은?

　(현지 지사에는 직접 투자한 현지 판매법인과 현지 제조공장 등이 포함됨.)

　① 전혀 없음　　　　② 1-9%　　　　③ 10-29%

　④ 30-49%　　　　⑤ 50% 이상

나. 다음은 국제수송과 관련한 일반 사항입니다.

---

7. 귀사에서는 정형무역거래조건 중 어느 조건을 가장 많이 이용하고 있
　습니까?

　(해당 번호를 선택하고 가장 많이 이용하는 무역 거래조건에 ○표 하
　세요.)

　1) 수출의 경우

　① E조건(EXW)

　② F조건(FCA, FAS, FOB)

　③ C조건(CFR, CIF, CPT, CIP)

　④ D조건(DAF, DES, DEQ, DDU, DDP)

　2) 수입의 경우

　① E조건(EXW)

　② F조건(FCA, FAS, FOB)

　③ C조건(CFR, CIF, CPT, CIP)

　④ D조건(DAF, DES, DEQ, DDU, DDP)

8. 정형무역거래조건은 주로 누가 선정합니까?

   1) 수출: ① 당사   ② 매수인(buyer)

        ③ 상황에 따라 다름   ④ 기타(구체적:)

   2) 수입: ① 당사   ② 매도인(seller)

        ③ 상황에 따라 다름   ④ 기타(구체적:)

9. 수출입 시에 수송수단(또는 운송인)에 대한 선택은 주로 누가 하고 있습니까?

   1) 수출: ① 당사에서 함   ② 매수인(buyer)이 함

        ③ 기타(구체적으로:)

   2) 수입: ① 당사에서 함   ② 매도인(seller)이 함

        ③ 기타(구체적으로:)

10. 귀사에서 수출입을 할 때 이용하는 수송수단의 비율은 어떠합니까?

   1) 수출: (항공: 해운: 기타) = (%: %: %)

   2) 수입: (항공: 해운: 기타) = (%: %: %)

다. 다음은 국제수송수단 선택과 관련한 요인들입니다.

11. 국제수송수단 선택과 관계없이 달라지지 않는 요인으로 제품의 가치, 무게, 유행 민감성, 수송거리 등이 있습니다. 국제수송수단 선택 시 귀사에서 **고려하는 요인의 중요도**를 IMF 이전과 IMF 이후로 나누어 표시하여 주십시오(1=전혀 중요하지 않음, 2=별로 중요하지 않음, 3=보통, 4=비교적 중요함, 5=매우 중요함).

1) <u>수출</u>의 경우

주요 고려 요인	IMF 이전	IMF 이후
① 제품의 무게	1 2 3 4 5	1 2 3 4 5
② 제품의 가치	1 2 3 4 5	1 2 3 4 5
③ 제품의 라이프 사이클	1 2 3 4 5	1 2 3 4 5
④ 제품의 유행 민감성	1 2 3 4 5	1 2 3 4 5
⑤ 화물의 손상 민감성	1 2 3 4 5	1 2 3 4 5
⑥ 화물의 목적지	1 2 3 4 5	1 2 3 4 5
⑦ 화물의 인도날짜	1 2 3 4 5	1 2 3 4 5
⑧ 수송거리	1 2 3 4 5	1 2 3 4 5

2) <u>수입</u>의 경우

주요 고려 요인	IMF 이전	IMF 이후
① 제품의 무게	1 2 3 4 5	1 2 3 4 5
② 제품의 가치	1 2 3 4 5	1 2 3 4 5
③ 제품의 라이프 사이클	1 2 3 4 5	1 2 3 4 5
④ 제품의 유행 민감성	1 2 3 4 5	1 2 3 4 5
⑤ 화물의 손상 민감성	1 2 3 4 5	1 2 3 4 5
⑥ 화물의 목적지	1 2 3 4 5	1 2 3 4 5
⑦ 화물의 인도날짜	1 2 3 4 5	1 2 3 4 5
⑧ 수송거리	1 2 3 4 5	1 2 3 4 5

12. 국제수송수단의 선택에 따라 달라지는 요인으로 운임, 수송속도 등이
    있습니다. 국제수송수단 선택 시 귀사에서 **고려하는 요인의 중요도를**
    IMF 이전과 IMF 이후로 나누어 표시하여 주십시오(1=전혀 중요하지
    않음, 2=별로 중요하지 않음, 3=보통, 4=비교적 중요함, 5=매우 중요함).

1) <u>수출</u>의 경우

주요 고려 요인	IMF 이전	IMF 이후
① 운임	1 2 3 4 5	1 2 3 4 5
② 운송 중 재고비	1 2 3 4 5	1 2 3 4 5
③ 현지의 안전재고비	1 2 3 4 5	1 2 3 4 5
④ 총물류비	1 2 3 4 5	1 2 3 4 5
⑤ 보험료	1 2 3 4 5	1 2 3 4 5
⑥ 수송수단의 속도	1 2 3 4 5	1 2 3 4 5
⑦ 수송기간	1 2 3 4 5	1 2 3 4 5
⑧ 선적 크기 및 수량	1 2 3 4 5	1 2 3 4 5

2) <u>수입</u>의 경우

주요 고려 요인	IMF 이전	IMF 이후
① 운임	1 2 3 4 5	1 2 3 4 5
② 운송 중 재고비	1 2 3 4 5	1 2 3 4 5
③ 현지의 안전재고비	1 2 3 4 5	1 2 3 4 5
④ 총물류비	1 2 3 4 5	1 2 3 4 5
⑤ 보험료	1 2 3 4 5	1 2 3 4 5
⑥ 수송수단의 속도	1 2 3 4 5	1 2 3 4 5
⑦ 수송기간	1 2 3 4 5	1 2 3 4 5
⑧ 선적 크기 및 수량	1 2 3 4 5	1 2 3 4 5

13. 기업의 물류정책, 마켓 상황, 대고객 서비스 등과 같이 기업의 전략 또
는 상황에 따라 달라지는 요인이 있습니다. 귀사에서 국제수송수단 선
택 시 고려하는 요인의 중요도를 IMF 이전과 IMF 이후로 나누어 표시
하여 주십시오(1=전혀 중요하지 않음, 2=별로 중요하지 않음, 3=보통, 4=
비교적 중요함, 5=매우 중요함).

1) <u>수출의 경우</u>

주요 고려 요인	IMF 이전	IMF 이후
① 기업의 물류정책	1 2 3 4 5	1 2 3 4 5
② 대고객 서비스 수준	1 2 3 4 5	1 2 3 4 5
③ 제품의 시장 상황	1 2 3 4 5	1 2 3 4 5
④ 환율의 변동	1 2 3 4 5	1 2 3 4 5
⑤ 기존 관행	1 2 3 4 5	1 2 3 4 5
⑥ 운송업체 영업직원의 권유	1 2 3 4 5	1 2 3 4 5
⑦ 운송담당자의 판단	1 2 3 4 5	1 2 3 4 5
⑧ 매수인(buyer)의 요구	1 2 3 4 5	1 2 3 4 5
⑨ 운송구조 및 조직체계	1 2 3 4 5	1 2 3 4 5

2) <u>수입의 경우</u>

주요 고려 요인	IMF 이전	IMF 이후
① 기업의 물류정책	1 2 3 4 5	1 2 3 4 5
② 대고객 서비스 수준	1 2 3 4 5	1 2 3 4 5
③ 제품의 시장 상황	1 2 3 4 5	1 2 3 4 5
④ 환율의 변동	1 2 3 4 5	1 2 3 4 5
⑤ 기존 관행	1 2 3 4 5	1 2 3 4 5
⑥ 운송업체 영업직원의 권유	1 2 3 4 5	1 2 3 4 5
⑦ 운송담당자의 판단	1 2 3 4 5	1 2 3 4 5
⑧ 매도인(seller)의 요구	1 2 3 4 5	1 2 3 4 5
⑨ 운송구조 및 조직체계	1 2 3 4 5	1 2 3 4 5

라. 국제수송수단 선택 시 고려하는 비용 요소

---

14. 국제수송수단 선택 시에 고려해야 할 요인을 비용 요인과 비용 외적 요
    인으로 나눌 경우 귀사에서는 어느 것을 더 중요하게 생각하십니까?
    ① 비용 요인을 우선 고려함.
    ② 비용 요인보다 비용 외적인 요인을 우선 고려함.
    ③ 기타(구체적으로:)

15. 국제수송수단 선택 시에 고려해야 할 비용 요소는 운임, 재고비, 총
    비용 등이 있습니다. 귀사는 <u>수출화물</u>의 경우 다음 중 어느 것을 고
    려하고 있습니까?
    ① 운임만 고려함.
    ② 운임과 수송 중 재고비를 고려함.
    ③ 운임과 수송 중 재고비 및 안전재고비를 고려함.
    ④ 운임과 수송 중 재고비, 안전재고비, 보험료를 포함한 전체 물류
      비를 고려함.

16. 국제수송수단 선택 시에 고려해야 할 비용 요소는 운임, 재고비, 총
    비용 등이 있습니다. 귀사는 <u>수입화물</u>의 경우 다음 중 어느 것을 고
    려하고 있습니까?
    ① 운임만 고려함.
    ② 운임과 수송 중 재고비를 고려함.
    ③ 운임과 수송 중 재고비 및 안전재고비를 고려함.
    ④ 운임과 수송 중 재고비, 안전재고비, 보험료를 포함한 전체 물류
      비를 고려함.

17. 귀사에서는 국제수송의 완료 후에 총비용에 대한 사후 관리 및 평가
    를 하고 있습니까?
    ① 전혀 하고 있지 않다.
    ② 수송의 완료 후에 간단하게 비용 정산만 한다.
    ③ 수송의 완료 후에 전체 물류비를 계산하고, 이를 다음 수송에 반영
      한다.
    ④ 정기적으로 물류비 관리 평가를 하여 물류비 최소화 전략을 수립한다.
    ⑤ 기타(구체적으로:)

마. 기타 사항

18. 귀사의 물류에 대한 관심과 효율화 정도는 어떠합니까?

구 분	매우 부족	부 족	보 통	높 음	매우 높음
1) 관심도					
2) 효율지표관리					
3) 조직체계					
4) 물류평가					

19. 귀하의 직책은 무엇입니까?
    ① 임원   ② 부장·차장   ③ 과장   ④ 대리   ⑤ 사원

♧ 설문에 응답하여 주심에 다시 한번 감사드립니다. 필요할 경우 본 연구
  의 결과를 알려드리고자 하오니 귀하의 연락처를 적어 주시기 바랍니다.
  감사합니다.
  회사명: __________   성명: __________   전화번호: __________

· 저자 ·

박영재
(朴暎宰)

· 약 력 ·

중앙대학교 대학원 무역학과 졸업(경영학 박사)
현   한진물류연구원 수석연구원
    인하대학교 물류전문대학원 겸임교수
    한국물류학회 상임이사

· 주요논저 ·

「중국발 해공(Sea-Air)복합운송의 제약요인에 관한 연구」
「동아시아 주요 항만의 서비스 공급구조 연구」
「항공화물 통관정보시스템 효율화 방안에 관한 연구」
「동북아 경제중심정책 추진에 따른 국내물류기업의 전략 방안 연구」
「항공 및 해상수송의 물류경쟁력 비교 분석」
「물류효율화를 위한 창고선택 전략」
『항공산업의 국가경제 기여도』
『동북아 역내 피더 네트워크 강화 방안』
외 다수

국제수송수단 선택에 관한 실증적 연구

· 초판 인쇄   2007년 3월 30일
· 초판 발행   2007년 3월 30일

· 지 은 이   박영재
· 펴 낸 이   채종준
· 펴 낸 곳   한국학술정보㈜
             경기도 파주시 교하읍 문발리 526-2
             파주출판문화정보산업단지
             전화   031)908-3181(대표) · 팩스   031)908-3189
             홈페이지   http://www.kstudy.com
             e-mail(출판사업부)   publish@kstudy.com
· 등   록   제일산-115호(2000. 6. 19)
· 가   격   13,000원

ISBN   978-89-534-6535-0 93320 (Paper Book)
       978-89-534-6536-7 98320 (e-Book)